D0030560

COLLECTION POÉSIE

LOUISE LABÉ

Œuvres
poétiques

PRÉCÉDÉES DES

Rymes

DE PERNETTE DU GUILLET

AVEC UN CHOIX DE

Blasons
du Corps féminin

Édition présentée,
établie et annotée
par Françoise Charpentier
Professeur
à l'Université de Paris VII

GALLIMARD

© *Éditions Gallimard* 1983.

PRÉFACE

Le présent recueil est formé de trois corpus poétiques : les œuvres des deux femmes-poètes qui illustrent la poésie d'amour à un moment privilégié de la Renaissance lyonnaise (les années 1535-1545), et, en contrepoint, un choix de Blasons du Corps féminin. *Le centre de ce livre devrait être, à nos yeux, les* Poésies *de Louise Labé, le plus court de ces trois corpus ; nous souhaitons montrer comment cette œuvre brève et fulgurante tranche, par son originalité et son ton, sur cet ensemble, dont l'unité profonde reste pourtant celle d'un discours de l'amour, ou, plus exactement, de la relation des sexes. Nous faisons précéder l'œuvre de Louise Labé des* Rymes *de Pernette du Guillet, publiées dix ans auparavant. Ces deux recueils sont donnés dans leur intégralité. Des* Blasons du Corps, *on ne donnera qu'un choix, sous forme de dossier.*

I

« LYON PLUS DOUX QUE CENT PUCELLES... »

En ce premier tiers de siècle, Lyon apparaît comme la seconde capitale de France ; ville aimée des rois, Lyon mieux que Paris ou que la Cour se prêtait au développement d'une vie riche et inventive, relativement libérée de modèles sociaux contraignants, ouverte aux influences extrêmes : le « souffle venu du Nord » dont parle l'historien Lucien Febvre, avec la présence des imprimeurs allemands implantés de longue date ; et surtout l'Italie, présente culturellement et économiquement en la personne des banquiers, marchands, diplomates, imprimeurs qui en ont fait depuis longtemps une ville italianisante. A la croisée du couloir rhodanien et des chemins qui mènent à Genève et à Rome, au confluent d'une masse de marchandises, de livres, d'hommes, d'idées, la ville se prête admirablement à tout un brassage social et intellectuel : les classes y semblent plus poreuses les unes aux autres que dans le reste de la société française, encore rigide, où nobles, clercs et riches marchands ne se côtoient qu'avec circonspection ; et surtout — l'essentiel pour notre propos — dans cette vie sociale élégante, active, intelligente, fascinée en outre par le modèle italien, les femmes occupent une position exceptionnelle, favorisée elle aussi par l'image de la société italienne. Non contentes de la place décorative et honorifique que leur reconnaît toute société courtoise, elles participent à la vie artistique et au débat des idées. Ici encore, la rigidité sociale semble céder devant d'autres intérêts. Comme à Rome, on reconnaît et on demande aux femmes des talents et une personnalité supérieurs à ceux que leur accorde, de façon générale, la société française. L'image qui se profile là derrière est celle des « cortigiane honeste », les honorables courtisanes, qui ont fait délirer bien des imaginations au XIXe siècle (...comme au XVIe !). Le terme de « cortigiana » peut égarer ; certes la vénalité n'est pas une légende ; certes la galanterie italienne avait le prestige d'une virtuosité, d'un raffinement qui ne trouvent aujourd'hui de concurrence que dans la renommée de la galanterie extrême-orientale. Mais dans ces « courtisanes » romaines, il faut aussi voir — ce fut souvent le cas — la personnalité de femmes condamnées au célibat par le célibat des hommes (Rome est une ville pontificale...). Leur statut n'en est que plus exigeant. On leur demande l'élégance, l'intelligence, la culture, le talent de savoir tenir salon et maison, sans parler du charme et de la beauté, cela va de soi ; elles sont musiciennes — comme toute grande dame de la « bonne » société —, chantent, touchent du luth, dansent, éventuellement montent à cheval et pratiquent les armes ; elles ont leur mot à dire de la mathématique et de la philosophie, elles discourent de Pétrarque ; à l'occasion, elles-mêmes écrivent des vers. Qu'outre tout cela elles

soient passionnées et amoureuses, elles méritent pleinement la quali-
fication de « virtú » : vertu, ce mot si difficile à interpréter chez
Pernette ou chez Louise Labé.

Il faut penser que la société lyonnaise, sans lui donner le nom de
« cortigiana », a réinventé quelque chose de ce modèle féminin, qui
allait permettre à des personnalités aussi riches que celles de nos
deux poétesses un développement exceptionnel. Tout cela a donné
aux cercles lyonnais, pour les intellectuels et les artistes notamment,
un vif attrait. Nous avons emprunté à l'un des amoureux de Lyon,
qui sans doute appartint passagèrement à la société de Louise Labé,
l'erratique Clément Marot, les mots par lesquels il salue la ville
qu'il aime dans ses Adieux à la ville de Lyon *:*

> Adieu, Lyon qui ne mords point,
> Lyon plus doux que cent pucelles,
> . . . .
> Adieu, faces claires et belles —
> Adieu vous dis — comme le jour !

Un « nouveau discours amoureux »

Nous avons donc affaire à une poésie d'amour, qui précède et
annonce en France celle qui va traverser tout le siècle, permanente
dans ses variations et ses modes. Nous sommes ici dans les avant-
textes de ce long discours amoureux.

La mentalité qui le baigne alors est mixte : c'est une tradition où
viennent s'amalgamer, s'infuser totalement deux types voisins, mais
différents, d'attitude amoureuse : pétrarquiste, et néoplatonicienne ;
la tradition courtoise et pétrarquisante, élevée et tendue vers une
sublimation, mais qui ne fait pas l'économie du corps et du désir ; et
la réélaboration platonicienne, sous l'influence de l'Académie de
Florence, de la théorie de l'amour.

L'Amant courtois veut enlever la Dame à la brutalité grossière
d'un lien conjugal imposé ; il la place à un degré idéal d'honneur et
de beauté, il fait d'elle une médiation nécessaire de son ascèse esthé-
tique et spirituelle ; mais il ne perd jamais de vue son but : obtenir

*« le cinquième point en amour », le « don de mercy », l'union des
corps, aller, comme le dit la poésie des troubadours, « là où la Dame
se déshabille ». Pétrarque est « le dernier et le plus sublime repré-
sentant de [cet] amour courtois*[1] *».* Scintillant d'un spiritualisme
exigeant, tendu dans un effort héroïque d'épuration, le Canzonie-
re reste traversé d'éclats de sensualité précise et brûlante.

À moins d'un siècle de distance, l'Académie platonicienne de
Florence, dominée par la personnalité de Marsile Ficin, vient gau-
chir cette théorie de l'amour dans le sens d'un platonisme qu'il
remanie et révise. Le Commentaire sur le « Banquet » de
Platon *(1469 et 1475)*, qui est lui-même un « Banquet » en dis-
cours et dialogues, fonde une doctrine de l'amour qui s'accordait
trop heureusement avec le pétrarquisme pour ne pas l'absorber ;
cependant, cette philosophie de l'amour se présente comme plus sévè-
re, plus systématique, plus abstraite, plus rigoureuse dans sa métho-
de comme dans sa pratique. Suivant la cosmogonie qui se dessinait
dans le premier Banquet, Ficin fait bien d'Amour celui qui suc-
cède directement au Chaos, précède le Monde et l'organise, « éveille
ce qui dort, forme ce qui est informe ». Le but auquel tend Amour
est l'Harmonie. L'amour se définit comme « le désir de beauté » ;
or il y a une triple beauté, des âmes, des corps et des voix, respecti-
vement objet de l'intelligence, de la vue et de l'ouïe : voilà les trois
sens « permis » (avec la voix, complément de l'ouïe) dans la prati-
que de la vie amoureuse selon Ficin ; au contraire sont discrédités les
plaisirs du goût, du toucher, de l'odorat — et naturellement plus
encore le « don de mercy », qui convoque tout cela — : ce sont des
voluptés violentes, voire un peu démentes, qui troublent l'intelligence
de l'homme, « adeo vehementes furiosaeque ut mentem suo statu
dimoveant », si véhémentes et furieuses qu'elles déboutent l'esprit de
sa place ; c'est une « rabies venerea », rage vénérienne, une « incon-
cinnitas », dysharmonie (et ici une main toscane a ajouté ce com-
mentaire : « cioè la lussuria »).

Sur ces données théoriques et éthiques sévères s'élabore tout un

---

1. Jean Festugière, *La Philosophie de l'amour de Marsile Ficin,* Paris,
1941.

code pratique de la vie amoureuse et de la relation des sexes. La femme n'y a pas l'initiative ; cependant, comme dans l'amour courtois, sa volonté, voire son caprice, mène le jeu et commande le déroulement du scénario amoureux ; c'est elle la porteuse de la Beauté objet du désir (plutôt qu'elle ne serait en elle-même l'objet du désir). L'Amant élit sa Dame pour avoir auprès d'elle, par elle, accès à une Beauté, premier degré d'une ascèse spirituelle qui doit le mener, selon un parcours platonicien bien connu, à la contemplation du Beau en soi, des Idées, à la Connaissance. En échange d'une fidélité absolue et d'un respect sourcilleux, il obtient d'elle un accord d'âme également unique et définitif : l'un en l'autre ils trouveront « leur bien », « leur lumière », « leur jour » ; par le regard et la vision, par la voix et l'oreille, par les belles conversations et la contemplation de leur beauté et de leur grâce, ils se meuvent dans l'air raréfié et épuré de l'amour spiritualiste. Mais c'est l'Amant-Poète qui, par la sublimation de son écriture, parviendra à la gloire, et au monde des Essences. Position ambiguë, donc, que celle de cet amant, soumis aux volontés accidentelles de la Dame, en position inférieure par rapport à elle, et cependant véritable initiateur de la démarche amoureuse, comme il en est finalement l'authentique bénéficiaire.

Il est pourtant clair qu'une ascèse si rigoureuse, une tension si grande, ne se soutiennent que du désir qui est à leur principe ; désir au sens plénier (et non plus l'abstrait « désir-du-beau » platonicien), qui réintègre tous les sens et tout le corps. Si serein, si épuré que paraisse le but à atteindre, l'expression de cet amour en traduit le caractère conflictuel et douloureux. Cette contradiction violente entre les exigences d'un corps que l'on fait taire, que l'on dissocie de l'unité vivante de la personne, et l'ascèse spirituelle qui est visée, fait le mouvement même de l'amour ; contradiction qui s'exprime dans tout le système des antithèses paroxystiques caractéristiques de cette poésie, comme dans tout le champ référentiel des représentations et métaphores ; la torture, la blessure, le sang versé, le poison ; la chasse, l'assaut, la guerre ; les animaux sauvages, violents ; les dieux et déesses du massacre et du combat : voilà ce qui constitue ce répertoire poétique, voilà les moyens qu'ont ces poètes de détourner ou libérer leur violence érotique.

Bien plus que les cruels caprices de la Dame, ou la nécessité presque protocolaire où elle se trouve de se refuser, on peut penser que c'est ce conflit secret de deux désirs aussi puissants l'un que l'autre qui constitue les tensions et les paroxysmes de cette poésie : le désir plénier de l'autre et de sa possession charnelle, et le désir de gloire, qui passe par l'aspiration héroïque à la sublimation ; les lamentations anecdotiques (jalousies, tromperies, refus, absences) ne leur servent que d'écran. Le temps n'est pas encore venu où le poète élèvera jusqu'à l'incandescence la beauté du désir charnel, et où la personne tout entière sera restituée dans son unité vivante, éphémère, savoureuse. À ce moment de la mentalité érotique, on assiste à une tentative grandiose, peut-être perverse, pour donner au passager, à l'accidentel, à l'individuel, une valeur d'éternité — sans réussir cependant à méconnaître et oublier tout à fait la saveur unique de l'instant.

Il semble assez évident que, dans cette ascèse amoureuse, la femme (plutôt que « les » ou « des » femmes), la femme donc, n'est qu'une médiatrice relativement impersonnelle. Si les éclats violents d'une passion réelle (au demeurant mal connue) viennent parfois perturber le protocole sévère de cette poésie, la « haute entreprise » poursuivie se donne toujours comme spirituelle. Ce type de poésie trouve son expression la plus parfaite, la plus brillamment abstraite, dans la Délie objet de plus haute vertu *de Maurice Scève ; personne n'a hésité, jonglant avec l'anagramme comme on aimait le faire au XVIe siècle, à reconnaître dans « Délie » la transformation de « l'Idée ».*

II

« L'ORDRE ET TRIOMPHE DU CORPS »

Ces poètes de la tradition pétrarquiste et/ou néoplatonicienne parcourent tout un clavier de la sensibilité où l'autre féminin, le corps de l'autre féminin, est porté à un haut degré de sublimation et d'abstraction. Dans une métaphorisation extrême, objets de la nature, matières précieuses, ordre même du monde ne sont convoqués que pour mieux le contourner, et, en dernière analyse, l'omettre. L'entreprise poétique de Scève représente, à cet égard, une limite. Cette ascèse qui exténue le concret et maintient le désir dans un état constant de frustration et de dépassement ne saurait, à elle seule, occuper tout le champ de la mentalité amoureuse. À l'autre extrême, on voit apparaître le contrepoint d'un discours cru, satirique à l'occasion, brutal assurément jusqu'au grossier, où le corps de l'autre (féminin, toujours) opère une rentrée en force, d'une violence parfois à peine supportable. La poésie qui représente le mieux ce discours est le recueil des Blasons *; la crudité même de leur titre («* Blasons anatomiques *») en annonce la teneur.*

L'histoire est connue. Marot, en fuite à la cour de Ferrare, pour distraire l'oisiveté des exilés ou de ses correspondants lointains, aurait imaginé un concours de blasons dont lui-même donnait l'exemple avec son Beau Tétin. *Un premier recueil fut constitué, dont le brillant Maurice Scève gagnait le prix avec* Le Sourcil. *Ce recueil est perdu, mais il fut réimprimé la même année (1536) à la suite de l'*Hecatomphile *de Leone Battista Alberti, sous le titre de* Blasons anatomiques du Corps féminin *; il comportait alors onze blasons.*

Le succès en est si grand et si immédiat que, dans la quinzaine d'années qui suivent, cinq nouvelles éditions, uniquement consacrées aux Blasons, *paraissent, à chaque fois enrichies de nouveaux poèmes : ils passent au nombre de trente-deux, puis trente-sept ; l'édition de 1543, qui sert de base à notre choix, comporte trente-sept blasons et, nouveauté, vingt et un contreblasons, plus un recueil d'épigrammes et une épître, soixante-cinq pièces en tout. C'est cette édition qui est encore plusieurs fois reproduite jusqu'en 1554.*

L'histoire et la définition du blason restent difficiles à cerner. Les récents travaux d'Alison Saunders ont montré son origine médiévale et son lien très net 1) avec l'héraldique ; 2) avec l'emblème et la représentation graphique ; effectivement, dans les éditions anciennes, de nombreux blasons sont précédés d'une vignette encadrée par un filet : représentations qui se feront de moins en moins discrètes et décentes au cours des éditions. Ce dernier trait : la représentation graphique, contraint le blason à être l'éloge, réel ou ironique, d'un objet partiel, isolé de son contexte ; objets du monde vivant ou artisanal, de nature ou culture, mouche ou épingle. S'agissant du corps féminin, il s'adressera toujours à un corps morcelé, divisé, même lorsqu'il tente, dans son titre et son intention, de recomposer son unité. Dans ces blasons « synthétiques » (le Corps, la Grâce, le Cœur), certains objets, comme obligés, reviennent invariablement sous la forme d'un catalogue de beautés partielles : ventre, tétin, cuisse, ..., cul. Il semble ici que la dénomination suffise. Le blason consacré à l'un de ces objets énumère inlassablement ses divers attributs, parfois (mais non toujours) les métaphorise, dans une structure litanique que l'on peut (selon l'humeur du lecteur ou le talent du poète) trouver envoûtante ou lassante. Mais il est presque inévitable qu'apparaissent ces éléments d'une énumération où le nom épuise la chose et en donne la maîtrise.

À l'intérieur même du corpus des blasons se retrouve le clivage que l'on vient de décrire. Si les blasonneurs sont unanimes à centrer leurs ardentes rêveries sur des objets partiels, ils se divisent cependant en deux classes bien distinctes. Les uns — Scève, Antoine Héroët, Lancelot Carle, ou le mystérieux poète qui se décore du nom d'Albert le Grand — recherchent à travers l'objet blasonné la même ascèse spirituelle que pétrarquistes et néoplatoniciens (d'ailleurs, ce sont souvent les mêmes, comme Scève ou Héroët). Ils adressent leur hommage aux parties du corps et aux sens réputés les plus nobles, les plus aptes selon la doctrine ficinienne à faire passer les amants, ou plutôt l'amant, à la sphère essentielle qui l'introduit à la Connaissance : l'ouïe et l'oreille, le regard et l'œil, le sourcil qui en forme l'ornement métonymique, ainsi que la larme. Par leur éclat minéral, l'œil, l'ongle, la dent sont dignes de participer à ce monde étincelant de la lumière, signe et symbole de la vérité divine ; la voix, médiatrice des doctes échanges, mérite d'être célébrée par un blason spirituel. Plus ambiguë, la main qui écrit pourra être louée comme l'instrument de Pallas (Claude Chappuys), mais les blasonneurs satiriques, même s'ils blasonnent quelque autre objet, en font le ministre de moins avouables plaisirs (mention qui semble être un de leurs thèmes favoris). Le haut du corps : joue, cou, gorge,... fait habituellement l'objet d'une adoration sublimante. Le tétin fait le passage

entre le blason spirituel et le blason voluptueux. Le charmant Beau
Tétin *de Marot en marque la frontière, qu'il franchira (on peut le
regretter) avec un assez fâcheux contreblason du* Laid Tétin. *Au-
dessous, nous sommes dans le domaine du blason réaliste.*

   *En effet, en face de la maigre cohorte des blasonneurs pétrarqui-
sants et spiritualistes se dresse celle des blasonneurs de la tradition
satirique, qui contrebattent le discours ficinien. Le corps féminin
n'en est pas moins chez eux délectablement énuméré, effeuillé, porté
point par point à son plus haut degré d'excellence ; mais c'est tou-
jours un puzzle d'objets isolés, dont cette poésie s'empare avec une
rage fétichiste. Le pied, le ventre, le nombril, le..., le cul, la cuisse,
font l'objet tant de la transcription poétique que des vignettes mala-
droites qui illustrent le recueil, rendus parfois mal identifiables (oui
même le...). Le pas n'est pas difficile à franchir du blason au
contreblason, qui blasonnera ironiquement, après le beau cul, le cul
immonde, après le beau tétin le laid tétin. Nous avons joint à notre
choix quelques-uns de ces contreblasons, en faisant pourtant grâce du
pire aux lecteurs et lectrices. Au demeurant, il faut noter que dans
cette série de contreblasons, presque entièrement due à Charles de
La Hueterie, l'on trouve des poèmes qui ne sont guère plus offensants
que le blason du même sujet, censé en faire l'éloge : comme on pourra
en juger par quelques pièces. Ces contreblasons sont parfois curieuse-
ment traversés d'une sensibilité religieuse qui n'est ni feinte ni ironi-
que (contrairement à quelques blasons insolents, qui évoquent, à la
limite du blasphème, des dogmes chrétiens) : le blasonneur du corps
s'est ici laissé aller à une rêverie sur le corps exemplaire et doulou-
reux du fils de Dieu.*

   *Le corps féminin des blasons est donc un corps parcellisé, appro-
prié par le désir et le regard masculins, un corps « voyeurisé » si l'on
peut dire. Insolemment détaillé, ou spiritualisé à la limite du sup-
portable, c'est de toute façon un corps aliéné, où ne parvient presque
jamais à surgir un sujet vivant, l'image totalisante d'une personne. Il
faut cependant souligner, et saluer dans ses plus grandes réussites,
cette exaltation du corps. Dans un souci de représentativité (il s'agit
ici d'un dossier), nous avons parfois fait place dans notre choix à du
moins bon comme au meilleur : mais on pourra voir que le meilleur*

atteint souvent (dans le cadre de cette forme particulière et répétiti-
ve) à la grande poésie : les blasons de Scève, le blason de Marot,
d'autres encore, d'auteurs ou de sujets moins notables ; tel blason
peut offrir la surprise d'un vers dense et significatif, comme celui où
François Sagon invite le Pied à suivre

l'ordre et triomphe du corps.

Mais il y a plus : car à travers, ou malgré tout ce fétichisme
obsessionnel, on voit enfin apparaître, dans de rares textes, le rêve
d'un corps total et d'une femme vivante ; l'évocation en sourdine,
mais partout présente, de la scène amoureuse amorce déjà cette réap-
propriation du sujet. Voluptueux sans insolence, le Blason du
Corps *tente cette restitution du corps féminin. C'est Marot qui lui*
donne son expression explicite dans le blason du Tétin, *rêvant de*
faire

... d'un Tétin de pucelle
Tétin de femme entière et belle.

III

LES « RYMES » DE PERNETTE DU GUILLET

Voilà donc une esquisse de la mentalité amoureuse dans son
expression littéraire, à Lyon, dans ces décennies du tiers du siècle.
Cet Éros poétique est un Éros masculin, et, si nous le décrivons,
c'est pour tenter de comprendre comment, sur quel arrière-plan, ont
pu apparaître à dix ans de distance, sans doute élaborées lentement
dans ces mêmes années, les deux œuvres qui vont dire le désir au
féminin, et revendiquer le droit à la poésie et à la création.

Les poèmes de Pernette du Guillet se situent explicitement dans
le sillage de Maurice Scève. Scève l'aurait rencontrée vers 1536 et
aurait préférentiellement élu en elle l'initiatrice à l'amour et à la
connaissance. Est-ce un heureux hasard poétique qui la jette, en

*1538, dans les liens d'un mariage sans passion avec M. du Guillet ?
Toujours est-il que les amants supposés se trouvent idéalement placés
dans la situation courtoise type, où l'amour et le mariage sont disso-
ciés ; l'obstacle et l'interdit exaspèrent un désir irréalisable à moins
d'une transgression, à laquelle ils se refusent. Pernette probablement
n'est pas seule, ni totalement, l'inspiratrice féminine de Scève, et il
est difficile de déterminer la part de réalité dans cette création : il
semble avéré pourtant qu'elle y occupe une place privilégiée. Si la
Délie est l'Idée, la personne réelle de Pernette vient douteusement
remplir la forme vide du nom de Délie. L'altier poème de Scève
paraît en 1544 ; Pernette meurt le 7 juillet 1545, et son « dolent
mari » charge l'érudit Antoine du Moulin, valet de chambre de la
reine de Navarre, de trier ses papiers. Il en extrait un « petit amas
de rymes » qu'il assure avoir trouvé « parmi ses brouillars en assez
pauvre ordre » et qu'il « met en évidence », « quasi comme pour
copie » (entendons par là qu'il les a donnés tels quels, dans leur
désordre apparent). Le recueil des* Rymes de gentile et ver-
tueuse Dame D. Pernette du Guillet *paraît en 1545, un an
après la* Délie.

    *L'œuvre se compose d'une suite de soixante épigrammes (essen-
tiellement huitains et dizains), entremêlées de dix chansons, cinq
élégies et deux épîtres. La forme préférée de la poétesse est à l'évi-
dence le poème bref, où elle a cherché à retrouver la densité et l'her-
métisme de ce que Scève appelle lui-même ses « durs épigrammes » :
ce modèle de la* Délie *permet de mieux évaluer le travail poétique
de Pernette. Il ne faut pas le chercher du côté de la richesse lexicale
ni de l'invention métaphorique : tout au contraire de Scève, son
vocabulaire est d'une restriction transparente, pauvre d'adjectifs
comme de noms pittoresques, aux verbes abstraits ; la métaphore
fondamentale et presque unique de sa poésie (nous y reviendrons) est
celle de l'ombre et de la clarté. Elle a, semble-t-il, investi l'essentiel
de son effort sur deux points : le verrouillage rigoureux d'une syn-
taxe qui fait la structure de chaque épigramme (chacune est
construite sur une phrase à deux versants souvent antithétiques, ou
sur deux phrases antithétiques, toujours fortement subordonnées) ; et
un travail sans doute acharné sur les rimes ; dans ces deux aspects*

de son art, la leçon de Scève est évidente. Elle invente peu dans le rythme : on a généralement affaire au décasyllabe, le vers classique alors. Cependant, dans les rares cas où elle s'essaie à des variations — la chanson en est l'occasion et le cadre —, elle rencontre d'incontestables réussites : le vers impair donne à la chanson I une légèreté gracieuse ; les chansons en couplets hétérométriques (VI, VIII, IX) sont d'une souple musicalité. Pernette n'écrivait pas spécifiquement pour des musiciens, mais elle était (comme toute femme cultivée de ce temps) bonne musicienne ; et l'on sait que quatre au moins de ses textes ont été de son vivant mis en musique ; deux figurent dans l'illustre recueil de Pierre Atteignant (1540) ; or ce sont des épigrammes (et non des chansons) dont les variantes peuvent témoigner d'un travail à la demande des musiciens.

Le travail des rimes est particulièrement important, parce qu'en lui-même il porte sens, avant même tout abord de la « signification » ; c'est peut-être pourquoi (sans oublier l'hommage aux Rime *de Pétrarque), bien informé ou particulièrement intuitif, Antoine du Moulin a donné au recueil le titre de* Rymes. *Cette recherche ne porte pas sur la valeur de la rime elle-même : on en trouve de toutes sortes chez Pernette, pauvres ou riches, intéressantes ou non ; mais sur leur savante combinaison. En quoi cette combinaison fait-elle sens ? Essentiellement parce qu'elle est le signe de l'appartenance spirituelle de cette poésie à l'idéalisme scévien. En effet, la forme préférée de Pernette reprend, à deux exceptions près, la combinaison, à quatre rimes subtilement entrelacées, que Scève a reproduite au long des quatre cent quarante-neuf dizains de la* Délie : ababbccdcd. *Ce dizain est sa marque et comme son monopole ; après 1544, l'utiliser, c'est — si l'on peut dire — scéviser. L'épigramme VII fait malicieusement exception, et cette malice aussi porte sens : réponse énigmatique (et parodique ?) à une énigme sans doute proposée par Scève, elle est scolairement bâtie sur cinq rimes plates (aabb, etc.). La seconde exception (la troisième épigramme de la Mômerie, sur trois rimes) doit être une sorte de virtuosité décorative. Pour le reste, Pernette s'astreint à des règles rigoureuses, comme celle du huitain français, la seconde forme dominante de sa poésie, construit sur trois rimes selon la combinaison ababbcbc (on y remarque la même technique de l'entrelacement que dans le dizain scévien) ; la seule exception qu'elle s'autorise est, elle aussi, significative, puisqu'elle emploie à un dizain d'inspiration italienne la disposition italienne abababcc.*

Technicité rigoureuse, appauvrissement sans doute volontaire de l'expression au profit de la syntaxe et de l'abstraction : on peut être tenté de voir dans cette ascèse poétique une sorte d'exercice spirituel, sous la conduite du maître et amant qu'elle s'est donné, dont le nom réel est inscrit partout dans son œuvre.

Comme de nombreux canzoniere, le recueil retrace en filigrane la narration simplifiée et les accidents quasi stéréotypés d'un commerce amoureux : ici, une rencontre exceptionnelle, commandée par une prédestination divine (« Le haut pouvoir des Astres... », épig. I), une élection irréversible, un pacte éternel, scellé par le don d'un anneau (épig. X), les circonstances anecdotiques de cette liaison (épig. XIX, « Je te promis au soir... », épig. XXII, « En Dauphiné Cérès... ») ; une rivalité, une jalousie (« L'une vous aime... », épig. XXXII ; « Ne vous fâchez... », épig. XXXVII et suivantes), les obstacles créés par un mariage obligé (« Si j'aime cil... », épig. XXXV)... Cet amour est porté à la dignité de la « haute entreprise » poursuivie par pétrarquistes et néoplatoniciens. Pernette est bien l'élève de Scève, qui se situe dans la tradition de Pétrarque, mais la transcende par son ambition métaphysique.

L'amour ici revendiqué est un amour chaste, dont la fin est le souverain bien, le « bien » platonicien souvent mentionné dans les poèmes,

Le bien du bien que la raison ordonne
(Épig. XVI).

Celui qui a su ainsi élever le désir, le détourner des voies du plaisir charnel et l'orienter dans des voies sublimes, c'est l'Amant, celui qu'elle appelle son « Jour », jouant sur le sens naturel et cosmique, et le sens affectif et circonstanciel de ce terme. Car tout le canzoniere de Pernette repose sur cette métaphore fondamentale : elle vivait dans la ténèbre, et l'amour est venu dissiper les ombres et éclairer pour elle toutes choses, donnant sens au non-sens obscur. C'est pourquoi la section la plus riche de son maigre lexique est celle qui concerne jour et nuit, ombre et lumière. L'épigramme II, dans son ouverture et sa clôture, donne une sorte de solennité à cette opposition des ténèbres et de la luminosité :

La nuit était pour moi si très-obscure
. . . .
Celui qui fit pour moi ce Jour au Monde,

élevant l'Amant, dans ce jeu métaphorique, aux dimensions d'un phénomène de la nature. « Haut, hautain » est l'un des adjectifs les plus fréquents de ce vocabulaire, désignant l'ambition démesurée de son aventure affective et spirituelle. C'est aussi ce combat des ombres et de la lumière qui arrive à sauver la laborieuse élégie III (La Nuit) : il s'agit d'une complexe allégorie, qui ne s'explique qu'à la fin du poème (Pernette sera toujours mal à l'aise dans les formes étendues, qui demandent plus de souffle et de force que de concentration). Cependant, si l'on veut bien omettre les deux plats derniers vers, l'incipit et la fin de ce texte mériteraient mieux que l'oubli, mettant en scène ce combat spirituel dont elle est le champ clos :

La nuit était obscure, triste et sombre,
Toute tranquille, et prête à maléfice,
. . . .
Si m'éjouis en la clarté plaisante
De mon clair Jour, que je vis apparaître...

Mais une vive spontanéité vient rompre cette tension extrême de l'inspiration. Pernette sait donner la saveur de la vie aux anecdotes banales de son histoire amoureuse : la jalousie, la promesse d'une visite, l'envoi de l'anneau... Ses chansons introduisent dans ce parcours rectiligne des épigrammes l'espace du jeu et de l'imprévu, la malice des refrains, et même le surgissement, inattendu dans cette poésie si abstraite, d'une fraîcheur naturelle et concrète. Le ton primesautier avec lequel elle aborde de graves questions philosophi-

ques lui appartient en propre. Mais surtout, elle trouve, pour parler du désir et du projet amoureux, un ton d'une sensualité ardente, qui parcourt souterrainement ce texte apparemment serein et qui lui donne son accent véritable. Mal reconnu et mal assumé, le désir féminin, qui ici ose à peine dire son nom, est sans doute ce qui fait de ce recueil la première manifestation d'un discours poétique « autre », qui vient répondre à celui du désir masculin et le compléter.

« Moi, ne mon plaisir... » : la dénégation érotique

> Le Corps ravi, l'Âme s'en émerveille
> Du grand plaisir qui me vient entamer,
> Me ravissant d'Amour, qui tout éveille
> Par ce seul bien, qui le fait Dieu nommer.
> Mais si tu veux son pouvoir consommer,
> Faut que partout tu perdes celle envie :
> Tu le verras de ses traits s'assommer,
> Et aux Amants accroissement de vie
>
> *(Épig. XII).*

Tel est l'espoir dont se berce Pernette. Elle sait reconnaître la merveille du « corps ravi », mais persiste à rechercher un au-delà de la jouissance qui l'assurerait d'une éternité du bonheur, d'un « contentement durable » (épig. XIII). Cette recherche obstinée, qui est à l'arrière-plan de toute la théorie pétrarquisante et néoplatonicienne de l'amour, la porte souvent à ne voir dans l'amour charnel qu'une peine et un désir toujours déçu, qu'elle veut refuser et transcender. « Peine, désir, plaisir » sont pourtant les trois pôles d'une stratégie érotique toujours présente chez elle :

> Heureuse est la peine
> De qui le plaisir
> A sur foi certaine
> Assis son désir
>
> *(Chanson VIII).*

Stratégie perverse de la frustration et du renouvellement du désir :

> Si le servir mérite récompense,
> Et récompense est la fin du désir,
> Toujours voudrais servir plus qu'on ne pense,
> Pour non venir au bout de mon plaisir.
> > *(Épig. XXI ; et voyez aussi Épig. XIV.)*

Mais même, ou peut-être surtout, quand elle consacre son labeur poétique à chanter l'amour chaste, elle le fait dans des termes qui laissent transparaître un tout autre ton :

> Ne pleure plus, Amour : car à toi suis tenue,
> Vu que par ton moyen Vertu chassa la nue,
> Qui me garda longtemps de me connaître nue,
> > Et frustrée du bien,
> Lequel, en le goûtant, j'aime, Dieu sait combien !
> > *(Chanson VI.)*

« Me connaître nue » : l'amour, qu'elle associe à « Vertu », est pour elle, à travers le désir de l'Autre, la découverte de son moi intime, ici sensuellement exprimé et métaphorisé. De façon habituelle, elle tient un discours double ; elle développe les propos du platonisme le plus chaste dans des termes d'une sensualité éclatante et presque ingénue : que l'on voie par exemple la chanson VII (« Qui dira ma robe fourrée... »). Le genre si peu féminin du coq-à-l'âne (texte satirique d'une apparente incohérence, où la folie prétendue laisse place au surgissement de toutes les insolences), ce coq-à-l'âne qui est un hommage à Marot, laisse surgir, lui aussi, quelque chose de l'obsession érotique, à propos de rien :

> > Serait-ce pas grand déshonneur
> > De la laisser ainsi pucelle ?
> > Je ne dis pas que ce fût elle
> > Qui m'a donné l'occasion
> > > *(Épître I.)*

La deuxième élégie lui permet de passer de la dénégation éroti-
que au vœu explicite. Dans ce poème, son chef-d'œuvre peut-être —
bien qu'il n'appartienne pas aux genres exigus qui ont sa prédilec-
tion —, elle laisse s'épancher un imaginaire secret qui ne trouve
guère ailleurs son expression. Pour une fois elle permet l'apparition
de lieux naturels, d'éléments fondamentaux où peut s'alimenter la
vie : verdures, fontaines, chaleur du jour ; elle se laisse rêver sur le
mode régressif d'un conditionnel enfantin : je laisserais, j'entonne-
rais, je voudrais ; elle se voit se jeter nue dans l'eau (la seconde des
deux seules mentions de sa nudité, supposée pourtant aussi sous sa
robe fourrée de l'or jupitérien...), et voit s'approcher l'Amant...
qu'elle repousse. Surprenant fantasme, mais le plus clair, le plus vrai
de toute cette poésie, protégée habituellement par son extrême élabo-
ration :

> Ainsi m'accompagne
> Un si haut désir
> Que pour lui n'épargne
> Moi, ne mon plaisir
>
> (Chanson VIII).

IV

LOUISE LABÉ

Méconnu, mal assumé chez Pernette, le désir féminin va trouver
une expression éclatante et douloureuse dans l'œuvre poétique de
Louise Labé. Cette poétesse manifeste une conscience littéraire qui
restait dans les Rymes à l'état larvé ; elle se reconnaît écrivain et
en revendique le statut ; mais elle se reconnaît aussi femme, et c'est
en tant que femme qu'elle entend se situer et s'exprimer.

Son œuvre, outre son bref recueil de poésies, comporte un assez
gros texte de prose : un dialogue dramatisé à plusieurs personnages,
dont le titre, « Débat », pourrait faire penser à un genre médiéval ;
mais en réalité, c'est un ouvrage original, dont on ne connaît pas

d'équivalent : il s'agit du Débat de Folie et d'Amour. *Autour d'un scénario initial (se disputant avec Amour à l'entrée d'un banquet des Dieux, Folie arrache les yeux d'Amour et l'aveugle) un procès s'organise où sont évoqués tous les attributs, faits et gestes d'Amour et de Folie ; c'est l'occasion de savoureux tableaux et de riches discussions sur toute la vie amoureuse. Au terme du Débat et par l'ironique jugement des Dieux, Folie est condamnée à toujours servir de guide à l'Amour.*

La prose de Louise Labé est excellente et vaut bien ses vers. Ce texte, peu connu parce qu'il était introuvable, mérite la notoriété (qu'une édition critique récente contribuera peut-être à lui donner). Les questions d'amour y sont traitées sur un ton aigu, vif, parfois satirique, qui ne se retrouvera pas dans les Poésies *: on voit pourtant qu'il s'agit de la même chose, et que Louise en a parlé de deux places différentes ; mais c'est toujours d'elle-même qu'il s'agit, ce sont deux registres de la même voix.*

Débat *et* Poésies *ayant paru en 1555 dans le même volume, réédité en 1556, il est impossible de décider d'une chronologie respective des deux œuvres, mais il importe peu car on ne saurait discerner quelque « progrès » littéraire de l'une à l'autre. Les deux sont données comme un tout, elles constituent les* Euvres de Louize Labé Lionnoise. *Elles sont précédées d'une importante préface, le premier manifeste féminin en littérature : nous la faisons figurer en tête de notre édition des* Poésies.

Cette préface est dédiée à une autre femme de lettres, Clémence de Bourges. Ces « Dames lyonnaises », souvent interpellées sous cette forme par leurs contemporains, semblent faire une petite société d'artistes et écrivains ; Louise sera leur porte-parole. Elle trouve des termes d'une grande fermeté, justes et délicats, pour faire valoir les droits de son sexe, et tenter de détruire la légende tenace de son infériorité. Désormais, pense-t-elle, « les sévères lois des hommes n'empêchent plus les femmes de s'appliquer aux sciences et disciplines » (c'est-à-dire à toute matière de savoir) : eh bien, qu'elles en profitent et montrent ce qu'elles peuvent faire ; on ne les trouvera pas inférieures à leurs compagnons. Mais le savoir ne suffit pas encore ; les femmes peuvent avoir aussi la même capacité créatrice que les

hommes : « Si quelqu'une parvient en tel degré que de pouvoir met-
tre ses conceptions par écrit », qu'elle n'en dédaigne pas la gloire.
Elle prie donc les « vertueuses Dames d'élever un peu leurs esprits
par-dessus leurs quenouilles et fuseaux » — et l'on sent bien que la
« vertu » dont il est ici question est la « virtú » italienne que nous
avons évoquée, et non pas la vertu pétrarquisante. Nous sommes déjà
là dans le monde affectif et poétique de Louise Labé, où pouvoir
d'écrire, pouvoir d'aimer et « vertu » sont une seule et même chose.
Enfin, avec un sens très vif de la solidarité féminine, elle entend ne
pas s'avancer seule sur le mont Parnasse ; elle a même le besoin du
soutien des autres femmes : « pour ce que les femmes ne se montrent
volontiers en public seules, je vous ai choisie pour me servir de guide,
vous dédiant ce petit œuvre... ». Il y a loin, on le sent, des premiers
pas de Pernette dans l'ombre de Maurice Scève à cette ferme dé-
marche.

Les « Poésies »

Comme pour Scève, comme pour Pernette, on suppose, on croit
savoir qu'il y a une histoire réelle à l'origine des poésies d'amour de
Louise Labé. On donne un nom à l'amant inconstant qu'elle évo-
que : elle aurait eu un commerce amoureux avec le volage poète
Olivier de Magny. Effectivement, des éléments anecdotiques — sa
présence à Lyon, son départ en Italie — se laissent reconnaître çà et
là dans le texte, surtout dans les Élégies, genre qui accueille plus
volontiers la narration ; qu'ils aient eu en tout cas un commerce
littéraire n'est pas douteux, puisqu'ils se livrent au jeu poétique
alors fréquent des poèmes en écho (il s'agit bien là d'un jeu, non de
plagiat). Mais il est inutile d'aller plus loin dans les hypothèses. Pas
plus que la Délie n'est une seule femme, celui que chante Louise ne
saurait être un seul homme. Le sujet de sa plainte est l'amour, non
l'amant. Ici encore se marque la différence avec Pernette, qui désigne
partout et étroitement Scève comme son unique inspirateur.

Les trois élégies qui ouvrent le recueil sont comme une autobio-
graphie condensée et une sorte de journal. Louise y raconte l'irrup-
tion de l'amour dans sa vie, se plaint d'une absence et d'un silence

qui sont une menace d'oubli, convoque les Dames lyonnaises dans une sorte de communauté des âmes amoureuses. Mais à travers l'anecdotique, elle est déjà dans l'unique sujet de ses poèmes, le « servage/De dur Amour ». La première élégie et la troisième évoquent mythes et légendes où parfois l'amour mène au-delà du supportable et de la transgression : la passion d'une vieille qui, jeune, avait dédaigné d'aimer, le désir incestueux de Sémiramis, reine de Babylone, l'amour trahi de Médée... Ce sont toujours des femmes les victimes de ces égarements ; Louise n'a pour elles que tendre pitié, et aucun jugement. La place ici est prête pour le dramaturge qui consacrera son génie aux atrocités de la passion, dans la même langue simple et transparente que celle de Louise : car cette lointaine Lyonnaise a des accents raciniens.

« Montrer signe d'amante »

La poétique de Louise Labé ne se laisse pas aussi aisément cerner que celle de Pernette du Guillet, parce qu'elle est inapparente. Aucun hermétisme, aucun procédé voyant n'arrêtent chez elle le regard et l'attention. Sa diction est d'une souveraine simplicité, que l'on pourrait être tenté de taxer de facilité, surtout lorsque l'on vient de parcourir les Rymes. *Aucune virtuosité technique visible. Mais en réalité, si l'on regarde de près la versification, la combinaison phonétique et musicale, la répartition des unités syntaxiques dans le cadre strict du sonnet (qui, par parenthèse, n'était pas le choix le plus facile), on se rend compte que cette apparente absence d'effort est le fait d'une maîtrise souveraine de l'expression. En face de toute la poétique pétrarquisante, qu'elle n'ignore pas et qu'elle utilise au besoin, l'esthétique de Louise Labé apparaît comme un idéal de la simplicité. Cette fluidité de son texte est le résultat d'une décantation, d'un calcul exact du mot, du rythme, de la prosodie, de la situation d'un énoncé dans le contexte. Que l'on évalue par exemple le travail poétique qui mène le sonnet* V *de l'incipit lumineux :*

Claire Vénus, qui erres par les Cieux,

à sa chute simple et déchirante :

Crier me faut mon mal toute la nuit.

Louise Labé ne dénie pas la valeur du labeur créateur ; mais il est intimement lié à la vie du désir. Écrire et aimer sont pour elle la même chose, la seule chose qui la fasse vivre. Son « mignard luth » n'est pas un instrument décoratif ; érotiquement associé à son corps, et métonymie de tout corps à caresser et faire vibrer, il est aussi sa voix et la manifestation même de sa vie. Cesser de désirer, cesser de chanter, ne pouvoir plus « montrer signe d'amante » — le signe et la chose se recouvrant exactement — entraînent le vœu de mort :

Prierai la mort noircir mon plus clair jour
(*Sonnet XIV*).

Le parcours des sonnets, dont l'ordre est à coup sûr prémédité, retrace le parcours même de son être. D'abord figée dans l'enfermement obsessionnel du corps de l'Autre (sonnet I), elle se met en route dans des espaces de plus en plus élargis : maison, ville, bois, nature (sonnets V, VI, X, XV, XVII...). Même mythifiés (bois remplis de nymphes, villes remplies de fêtes et de temples), ces espaces lui permettent de « crier son mal », de faire bouger son désir, peut-être de le recentrer en elle, de s'en faire le sujet, sortant de l'indistinction insupportable et douloureuse des premiers sonnets. Le désir se révèle comme principe de jouissance et de création, lié à l'existence même. Donner signe d'amante donne sens à sa vie. Érotique et poétique se rejoignent. C'est alors qu'elle peut à la fois se situer dans toute la poésie d'amour contemporaine, et marquer sa profonde originalité.

« Je suis le corps... »

Louise, on l'a souvent dit, dispose sans retenue de tout le répertoire poétique de son temps, et en particulier puise dans le réservoir

des métaphores et des lieux communs pétrarquisants. Flèches, poi-
son, plaies ; antithèses violentes ; regards qui infusent le mal
d'amour ; immédiateté de la blessure amoureuse : tout cela se trouve
chez elle comme chez d'autres, et il n'est pas difficile au lecteur
érudit de trouver à chaque formulation sa « source » dans la tradi-
tion poétique, française et surtout italienne. Trouvailles contestables
cependant, car cet ensemble de topoï constitue comme un tuf, un
amalgame indifférencié qui est profondément descendu peu à peu,
comme une sédimentation, dans le sol de cette culture érotique, et
l'on finit par puiser aussi naturellement dans ce vivier d'images
amoureuses que dans les mots du dictionnaire.

Sa singularité se situe ailleurs, et de deux façons. D'abord, même
quand la formule initiale qui sert de source est encore fraîche, recon-
naissable, non « sédimentée » si l'on veut, par le pouvoir de cette
langue si simple et maîtrisée, si apparemment naturelle, elle arrive à
une expression parfaite, sans trace d'effort, celle même qu'il fallait
trouver. Que l'on prenne par exemple le jeu si courant des antithè-
ses, où par des oxymores douloureux le poète exprime l'état insup-
portable de l'amour et du désir. Ce jeu est inlassablement repris par
les pétrarquistes. Mais si l'on compare le texte de Louise Labé à
l'un des nombreux poèmes d'inspiration semblable, on verra que la
transcription dans le code linguistique du français, la simplification
du lexique et de la syntaxe donnent à son sonnet un accent vérita-
blement personnel :

Et mi nuoce, et mi giova, e m'arde e m'agghiacia,
Et mi punge, et mi sana, et stringe et sciogie *etc.*
                    (*Rime di diversi autori,* 1527).

Je vis, je meurs ; je me brûle et me noie ;
J'ai chaud extrême en endurant froidure ;
La vie m'est et trop molle et trop dure *etc.*
                    (*Sonnet VIII*).

Encore ce poème n'est-il ni le plus personnel ni le plus réussi de
la suite des Sonnets.

*Plus décisive est l'autre démarche qui commande cette poétique.
Dit par une voix féminine et masculine, le même propos n'a pas le
même retentissement ; oser dire « je te veux » a une résonance diffé-
rente dans une bouche d'homme et de femme. Louise pousse cette
logique à l'extrême en s'emparant d'énoncés masculins ; par une
étrange conséquence, le discours amoureux s'en trouve totalement
subverti. Qu'un homme désigne chez une femme l'ardeur du désir
comme quelque chose qui touche à l'animalité : nous sommes dans le
registre satirique, si commun. Mais que Louise énumère amoureuse-
ment, délicatement, tous les lieux du corps où se manifeste l'amour,
où peut battre le désir, dans une indistinction voulue de son corps et
du corps de l'autre :*

Ô beaux yeux bruns, ô regards détournés,
Ô chauds soupirs, ô larmes épandues...
....
Ô tristes plaints, ô désirs obstinés...,

enveloppant d'un geste de caresse les instruments de la caresse :

Ô ris, ô front, cheveux, bras, mains et doigts...,

pour aboutir à ce cri :

Tant de flambeaux pour ardre une femelle !
(Sonnet II),

*nous sommes dans une douleur où nul ne songerait à trouver à rire.
La souffrance se dit à l'état pur, et le corps se trouve comme décan-
té, lavé de tout alibi spiritualiste. Elle a le génie de réinvestir le
corps de désir d'une totale dignité, de lui rendre toute sa capacité
d'affectivité, de bonheur et de souffrance.*

*Cette subversion du dire amoureux s'étend jusqu'aux artifices
du discours. En reprenant tout l'arsenal des métaphores pétrar-
quisantes, mais en les mettant au féminin, Louise les décape et
leur rend leur jeune pouvoir. L'amant pétrarquiste dit volontiers*

— suivant la bipartition platonicienne de l'âme et du corps — qu'il n'est qu'un corps lourd et matériel, à qui la Dame, qui est l'âme, va donner vie. Mais l'idéalisme occidental, héritier de la double tradition platonicienne et artistotélicienne, se souvient aussi que pour Aristote, un être vivant n'existe qu'en tant qu'une substance (matière) est animée par une forme (une âme). Louise est savante et n'ignore rien de tout cela. En outre, elle connaît le mythe, parallèle et philosophiquement différent, des deux moitiés séparées, le mythe heureux de l'Androgyne (mais il ne s'agit pas d'une bipartition de l'âme et du corps). Elle se saisit de ce complexe, le retransforme, se met à la place de l'amant « matériel » en position de demande : et de tout cela elle fait l'un des plus beaux sonnets du recueil :

On voit mourir toute chose animée
Lors que du corps l'âme subtile part.
Je suis le corps, toi la meilleure part :
Où es-tu donc, ô âme bien-aimée ?

(Sonnet VII.)

De Pernette à Louise Labé, tout un discours féminin s'élabore. Initialement leur projet est semblable : élever leurs esprits au-dessus de leurs quenouilles et fuseaux, faire écho à la poésie amoureuse des hommes. Mais au terme de leur parcours respectif, cette entreprise a pris deux sens diamétralement opposés. Pernette a voulu transcender le désir dans une ascèse héroïque, Louise le porte à incandescence dans la plus haute dignité. Ce qui fait l'unité de ces desseins si divers, c'est la création, c'est la sublimation que leur confère le dire poétique.

Françoise Charpentier

Nous avons transcrit ces trois corpus en modernisant l'orthographe dans toute la mesure où la prononciation n'en est pas affectée ; nous avons restitué une ponctuation conforme à notre usage, assez éloigné de celui du XVIe siècle. Les astérisques renvoient aux notes, p. 176 et suivantes.

Nous ne donnons qu'un choix des Blasons du Corps, *que nous avons voulu représentatif du recueil de 1536-1543, contemporain des deux autres œuvres que nous publions. Nous avons donc pris un parti restrictif en nous cantonnant à ces textes, contrairement au choix qu'avait fait Albert-Marie Schmidt dans son anthologie des* Poètes du XVIe siècle *(Gallimard, Bibliothèque de la Pléiade, 1953), qui cite des textes d'autres périodes et d'autres auteurs. Les blasons sont présentés dans l'ordre du recueil de 1543. Les éditions anciennes n'hésitaient pas à imprimer les mots qui bravent l'honnêteté ; nous avons, dans notre transcription, usé de la même liberté.*

Le texte des Rymes *de Pernette du Guillet est celui de l'édition de 1545. Nous y avons toutefois introduit l'indication du genre des poèmes, que donne la seconde édition (Paris, 1546). Nous les avons, selon le système proposé par Verdun-Louis Saulnier, numérotés, nous dispensant de la mention « épigramme » mais indiquant les chansons, élégies et épîtres. Nous donnons en outre trois poèmes qui n'apparaissent que dans l'édition de 1552 chez Jean de Tournes, édition fiable à tous égards.*

L'œuvre poétique de Louise Labé ne pose guère de problèmes d'établissement de texte. Nous nous fondons sur les deux éditions publiées de son vivant, en 1555 et 1556 chez Jean de Tournes. Nous y joignons un poème attribué à Louise Labé et édité au XIXe siècle par Prosper Blanchemain ; un certain nombre de probabilités permettraient de l'attribuer à notre poétesse. Nous avons placé en tête de ses poésies la préface générale de son volume.

Rymes

de gentille et vertueuse Dame
D. Pernette du Guillet,
lyonnaise.

I

Le haut pouvoir des Astres a permis —
Quand je naquis — d'être heureuse et servie :
Dont, connaissant celui qui m'est promis,
Restée suis sans sentiment de vie,
Fors le sentir du mal, qui me convie
À regraver ma dure impression
D'amour cruelle, et douce passion,
Où s'apparut celle divinité,
Qui me cause l'imagination
À contempler si haute qualité.

II

La nuit était pour moi si très-obscure
Que Terre et Ciel elle m'obscurcissait,
Tant qu'à Midi de discerner figure
N'avais pouvoir — qui fort me marrissait* :
    Mais quand je vis que l'aube apparaissait
En couleurs mille et diverse, et sereine
Je me trouvai de liesse si pleine —
Voyant déjà la clarté à la ronde —
Que commençai louer à voix hautaine
Celui qui fit pour moi ce Jour* au Monde.

III

Ce grand renom de ton mêlé savoir
Démontre bien que tu es l'excellence
De toute grâce exquise, pour avoir
Tous dons des Cieux en pleine jouissance.
  Peu de savoir, que tu fais grand' nuisance
À mon esprit, qui n'a la promptitude
De mercier les Cieux pour l'habitude
De celui-là, où les trois Grâces prises
Contentes sont de telle servitude
Par les vertus, qui en lui sont comprises !

IV

Esprit céleste, et des Dieux transformé
En corps mortel transmis en ce bas Monde,
À Apollo peux être conformé
Pour la vertu, dont es la source, et l'onde.
Ton éloquence, avecques ta faconde,
Et haut savoir, auquel tu es appris,
Démontre assez le bien en toi compris :
Car en douceur ta plume tant fluante
A mérité d'emporter gloire, et prix,
Voyant ta veine en haut style affluante.

V

  Puisqu'il t'a plu de me faire connoître,
  Et par ta main, le VICE À SE MUER*,
  Je tâcherai faire en moi ce bien croître,
  Qui seul en toi me pourra transmuer :

C'est à savoir de tant m'évertuer
Que connaîtras que, par égal office,
Je fuirai loin d'ignorance le vice,
Puisque désir de me transmuer as
De noire en blanche, et par si haut service
En mon erreur CE VICE MUERAS*.

VI

Par ce dizain clairement je m'accuse
De ne savoir tes vertus honorer,
Fors du vouloir, qui est bien maigre excuse :
Mais qui pourrait par écrit décorer
Ce qui de soi se peut faire adorer ?
    Je ne dis pas, si j'avais ton pouvoir,
Qu'à m'acquitter ne fisse mon devoir,
À tout le moins du bien que tu m'avoues.
    Prête-moi donc ton éloquent savoir
Pour te louer ainsi que tu me loues !

VII

R. au dizain toute seule soumise
M'a, à bon droit, en grand'doutance mise
De mal, ou bien, que par R on peut prendre.
Car, pour errer, R se peut comprendre,
Signifiant que le los qu'on me preste
Soit une erreur, ou qu' R est rien, ou reste :
Mais si par R on veut réponse avoir,
Je dis, combien que n'aye le savoir,
Ne les vertus que ton R m'avoue,
Qu'errer je fais tout homme qui me loue.

VIII

Jà n'est besoin que plus je me soucie
Si le jour faut*, ou que vienne la nuit,
Nuit hivernale, et sans Lune obscurcie :
Car tout cela certes rien ne me nuit,
Puisque mon Jour par clarté adoucie
M'éclaire toute, et tant, qu'à la minuit
En mon esprit me fait apercevoir
Ce que mes yeux ne surent oncques voir.

IX

Plus je désire, et la fortune adverse
Moins me permet que puisse celui voir,
À qui elle eût par mainte controverse
Fait maint ennui, si ne fût son savoir
Qui des Cieux a ce tant heureux pouvoir
De parvenir toujours à son entente :
Dont avec lui ce soulas* puis avoir
Que, lui content, je demeure contente.

X

Si tu ne veux l'anneau tant estimer
Que d'un baiser il te soit rachetable,
Tu ne dois pas au moins si peu l'aimer,
Qu'il ne te soit, non pour l'or, acceptable,
Mais pour la main qui, pour plus rendre stable
Sa foi vers toi, te l'a voulu lier
D'un Diamant, où tu peux déplier*
Un cœur taillé en face pardurable,

Pour te montrer que ne dois oublier,
Comme tu fais, la sienne amour durable.

XI

Comme le corps ne permet point de voir
À son esprit, ni savoir sa puissance :
Ainsi l'erreur, qui tant me fait avoir
Devant les yeux le bandeau d'ignorance,
Ne m'a permis d'avoir la connaissance
De celui-là que, pour près le chercher,
Les Dieux avaient voulu le m'approcher :
Mais si haut bien ne m'a su apparaître.
    Parquoi à droit l'on me peut reprocher
Que plus l'ai vu, et moins l'ai su connaître.

XII

Le Corps ravi, l'Âme s'en émerveille
Du grand plaisir qui me vient entamer,
Me ravissant d'Amour, qui tout éveille
Par ce seul bien, qui le fait Dieu nommer.
    Mais si tu veux son pouvoir consommer,
Faut que partout tu perdes celle envie :
Tu le verras de ses traits s'assommer,
Et aux Amants accroissement de vie.

XIII

L'heur de mon mal, enflammant le désir,
Fit distiller deux cœurs en un devoir :
Dont l'un est vif pour le doux déplaisir,
Qui fait que Mort tient l'autre en son pouvoir.

Dieu aveuglé, tu nous as fait avoir
Du bien le mal en effet honorable :
Fais donc aussi, que nous puissions avoir
En nos esprits contentement durable !

XIV

Le grand désir du plaisir admirable
Se doit nourrir par un contentement
De souhaiter chose tant agréable.
Que tout esprit peut ravir doucement.
   Ô que le fait doit être grandement
Rempli de bien, quand pour la grand'envie
On veut mourir, s'on ne l'a promptement :
Mais ce mourir engendre une autre vie.

XV

Pour contenter celui qui me tourmente,
Chercher ne veux remède à mon tourment :
Car, en mon mal voyant qu'il se contente,
Contente suis de son contentement.

XVI

L'âme et l'esprit sont pour le corps orner,
Quand le vouloir de l'Éternel nous donne
Sens et savoir pour pouvoir discerner
Le bien du bien, que la raison ordonne :
   Parquoi, si Dieu de tels biens te guerdonne,
Il m'a donné raison, qui a pouvoir
De bien juger ton heur, et ton savoir.
   Ne trouve donc chose si admirable,

Si à bon droit te désirent de voir
Le Corps, l'Esprit, et l'Âme raisonnable.

XVII

Je suis tant bien que je ne le puis dire,
Ayant sondé son amitié profonde
Par sa vertu, qui à l'aimer m'attire
Plus que beauté : car sa grâce et faconde
Me font cuider* la première du monde.

XVIII

Que d'avoir mal pour chose si louable,
Comme a chacun son grand contentement,
Tout bon esprit — tant soit peu raisonnable —
Le pourra croire, et par bon jugement.
    Mais si voulez connaître clairement
Lequel des deux a sur plaisir puissance,
Faudra goûter d'un mûr entendement
L'heur et malheur de votre connaissance.

XIX

Je te promis au soir que, pour ce jour,
Je m'en irais à ton instance grande
Faire chez toi quelque peu de séjour :
Mais je ne puis... parquoi me recommande,
Te promettant m'acquitter pour l'amende,
Non d'un seul jour, mais de toute ma vie,
Ayant toujours de te complaire envie.
Donc te supplie accepter le vouloir
De qui tu as la pensée ravie
Par tes vertus, ta grâce, et ton savoir.

XX

Sais-tu pourquoi de te voir j'eus envie ?
C'est pour aider à l'ouvrier, qui cessa,
Lors qu'assembla en me donnant la vie,
Les différents, où après me laissa.
　　　Car m'ébauchant Nature s'efforça
D'entendre et voir pour nouvelle ordonnance
Ton haut savoir, qui m'accroît l'espérance
Des Cieux promise, ainsi que je me fonde,
Que me feras avoir la connaissance
De ton esprit, qui ébahit le Monde.

XXI

Si le servir mérite récompense,
Et récompense est la fin du désir,
Toujours voudrais servir plus qu'on ne pense,
Pour non venir au bout de mon plaisir.

XXII

En Dauphiné Cérès faisait encor moisson,
Étant à Millery* Bacchus en sa boisson :
Parquoi je puis juger, voyant les vins si verts,
Que Vénus sera froide encor ces deux hivers.

XXIII

Je puis avoir failli par ignorance,
Cela me faut, maugré moi, confesser :
Mais que je prenne en moi telle arrogance,

Que dessus vous je m'osasse avancer :
Je vous supplie ne me vouloir penser
Si indiscrète à faire mon devoir !
　　Bien est-il vrai que je tâche à avoir
Ce qui m'est dû, quoi qui en ait émoi :
Car si Amour et foi ont ce pouvoir
De vous donner, vous êtes tout à moi.

XXIV

À qui plus est un Amant obligé :
Ou à Amour, ou vraiment à sa Dame ?
Car son service est par eux rédigé*
Au rang de ceux qui aiment los*, et fame*.
　　À lui il doit le cœur, à elle l'Âme,
Qui est autant comme à tous deux la vie ;
L'un à l'honneur, l'autre à bien le convie ;
Et toutefois voici un très-grand point,
Lequel me rend ma pensée assouvie :
C'est que sans Dame Amour ne serait point.

XXV

Or qui en a, ou en veut avoir deux,
Comment peut-il faire deux Amours naître ?
Je ne dis pas, que ne puisse bien être
Un cœur plus grand, que croire je ne veux :
Mais que tout seul il satisfît à eux,
Cela n'a point de résolution*
Qui sût absoudre*, ou clore ma demande :
　　Et toutefois ainsi qu'affection
Croît le désir, telle obligation
Peut Dame avoir à la Vertu si grande,
Que de l'Amant la qualité demande
Double mérite, ou double passion.

CHANSON I

J'ai été par un long temps
Déçue de l'espérance :
Et si* encor point n'attends
D'elle plus grand'assurance,
Que celle-là, que ma foi
Me peut promettre de soi.

Je vois les uns fort contents,
Les autres pleins de souffrances :
De ceux-là les ris j'entends,
De ceux-ci la douléance :
Ces passions j'aperçois
Régner toutes deux en moi.

Je ris du bien, où je tends
En très-grand' réjouissance :
Et pleure, que je prétends
Qu'un autre en ait jouissance :
Ce que de mes yeux je vois,
Et à grand'peine le crois.

Toutefois tel passetemps
Me donne encor confiance,
Qu'un jour je verrai le temps,
Que cil fera la vengeance
Du mal qu'il m'a fait de soi
Au bien où je me déçois.

XXVI

Prenez le cas que, comme je suis vôtre —
Et être veux — vous soyez tout à moi :
Certainement par ce commun bien nôtre
Vous me devriez tel droit que je vous dois.

Et si Amour voulait rompre sa Loi,
Il ne pourrait l'un de nous dispenser,
S'il ne voulait contrevenir à soi,
Et vous, et moi, et les Dieux offenser.

XXVII

Soit que par égale puissance
L'affection, et le désir
Débattent de la jouissance
Du bien, dont se veulent saisir :
    Si vous voulez leur droit choisir,
Vous trouverez sans fiction,
Que le désir en tout plaisir
Suivra toujours l'affection.

CHANSON II

Quand vous voyez, que l'étincelle
Du chaste Amour sous mon aisselle
Vient tous les jours à s'allumer,
Ne me devez-vous bien aimer ?
    Quand vous me voyez toujours celle,
Qui pour vous souffre, et son mal cèle,
Me laissant par lui consumer,
Ne me devez-vous bien aimer ?
    Quand vous voyez, que pour moins belle
Je ne prends contre vous querelle,
Mais pour mien vous veux réclamer,
Ne me devez-vous bien aimer ?
    Quand pour quelque autre amour nouvelle
Jamais ne vous serai cruelle,
Sans aucune plainte former,
Ne me devrez-vous bien aimer ?

Quand vous verrez que sans cautelle
Toujours vous serai été telle
Que le temps pourra affermer*,
Ne me devrez-vous bien aimer ?

XXVIII

Si je ne suis telle que soulais être,
Prenez-vous en au temps, qui m'a appris
Qu'en me traitant rudement, comme maître,
Jamais sur moi ne gagnerez le prix.
    Et toutefois, vous voyant toujours pris
En mon endroit, votre ardeur me convie
Par ce haut bien, que de vous j'ai compris,
À demeurer vôtre toute ma vie.

XXIX

Si je n'ai pu comme voulois
Vous réciter au long, et dire
Ce dequoi tant je me doulois,
Imputez-le à* mon cœur plein d'ire,
Pour n'avoir pu ouïr médire
Du bien, que je dois estimer,
Et pour qui on devrait maudire
Tous ceux qui m'en veulent blâmer.

CHANSON III

Ô vraie amour, dont je suis prise,
Comment m'as-tu si bien apprise,
Que de mon Jour tant me contente,
Que je n'en espère autre attente,

Que celle de ce doux amer,
Pour me guérir du mal d'aimer ?

Du bien j'ai eu la jouissance,
Dont il m'a donné connaissance
Pour m'assurer de l'amitié,
De laquelle il tient la moitié :
Doncques est-il plus doux qu'amer,
Pour me guérir du mal d'aimer.

Hélas, ami, en ton absence
Je ne puis avoir assurance
Que celle dont — pour son plaisir —
Amour caut* me vient dessaisir
Pour me surprendre, et désarmer :
Guéris-moi donc du mal d'aimer !

CHANSON IV

La fortune envieuse,
Voyant mon Jour passer,
De la nuit est joyeuse
Pour me faire penser
Vrai ce que le Ciel dit
Pour se mettre en crédit.

Mais savoir n'ai envie
Des Planètes le cours
Pour connaître ma vie,
Ayant autre discours :
Car tant que je verrai
Mon Jour, je ne mourrai.

Ne trouve point étrange,
Si, quand ne le puis voir,
Je me trouble, et me change,
Tant qu'il me faut douloir
Du mal, que mon cœur sent,
Quand de moi est absent.

Ce que j'y suis tenue
Ne me fait tant l'aimer,
Que sa vertu connue
Me contraint l'estimer,
Par son los* tant requis,
Qui m'est honneur acquis.

Sa grâce accompagnée
Plus qu'à nul j'ai pu voir :
Parquoi pour lui suis née,
D'autre je n'ai vouloir :
Les Dieux pour moi l'ont mis
Au bout des vrais amis.

Ô amitié bien prise,
Que j'ai voulu choisir
Par vraie foi* promise,
Qui mon cœur vint saisir,
Quand honneur s'allia
Au bien, qui nous lia !

Ma fortune accomplie
En mon heureux séjour
De plaisir fut remplie,
Quand j'aperçus mon Jour :
Qui bien connu l'aura,
Mon ami aimera.

Heureuse destinée
En mon heur apparaît,
Ne sachant femme née
Qui peut, ne qui saurait
Éviter la moitié
De sa noble amitié.

D'être d'autres requise
N'y veuillez point venir :
Car je suis tant apprise
Que j'ai pour souvenir
La grandeur de son cœur
Être du mien vainqueur.

Et si je n'ai la grâce
Pour mériter d'avoir
Ce bien, et qu'on pourchasse
De le me décevoir,
Ma fermeté fera
Qu'il se contentera.

XXX

Ma volonté, plus grande que l'effet,
Si elle était justement mesurée,
Rendre ne peut mon désir si parfait
Qu'elle ne soit en lui démesurée.
  Et toutefois, s'étant aventurée
De tout en tout son pouvoir mesurer,
Oncques n'a pu seulement endurer
Son moindre effort : que serait du surplus ?
  Pour autant donc ne s'ose aventurer
De plus vouloir, ce qu'elle veut le plus.

XXXI

Je ne crois point ce que vous dites :
Que tant de bien me désiriez,
Comme à celle, pour qui vous fites
Ce que pour vous faire devriez.
  Mais quelle plus estimeriez :
Ou celle qui, d'un cœur tremblant,
N'ose dire ce que voudriez,
Ou qui le dit d'un faux semblant ?

XXXII

L'une vous aime, et si* ne peut savoir
Qu'Amour lui soit ou propice, ou contraire :
L'autre envers vous fait si bien son devoir,
Que plus ne sait, où vous doive complaire.
      Or je demande en si douteux affaire
À quelle plus devez être tenu ?
Car celle-là d'un cœur simplement nu
Pour vous s'oublie, et pour soi pensive est :
Et cette-ci, tâchant par le menu
A vous gagner, de son bien se dévêt.

XXXIII

Or bien, puis qu'ainsi le voulez,
Soit fait, sans y contrevenir :
Mais si au rang des désolés
Il me faut par ce point venir,
Je vous supplie vous souvenir
De regarder plus amplement,
Que tel en son dire ample ment*,
Comme contre moi rempli d'ire,
Et qu'il ne dit rien simplement,
Que je n'entende qu'il veut dire.

CHANSON V

Dames, s'il est permis
Que l'amour appetisse
Entre deux cœurs promis,
Faisons pareil office :

Lors la légèreté
Prendra sa fermeté.

    S'ils nous disent volages
Pour nous en divertir :
Assurons nos courages*
De ne nous repentir,
Puis que leur amitié
Est moins, que de moitié.

    Se voulant excuser,
Que leur moitié perdue
Peut ainsi abuser
Tant qu'elle soit rendue :
La loi pour nous fut faite
Empruntant leur défaite.

    Si j'eusse été apprise
Comme il fallait aimer,
Je n'eusse été reprise
Du feu trop allumer
Qu'éteindre j'ai bien su,
Quand je l'ai aperçu.

    Ne nous ébahissons
Si le vouloir nous change :
Car d'eux nous connaissons
La vie tant étrange,
Qu'elle nous a permis
Infinité d'amis.

    Mais puis qu'occasion
Nous a été donnée,
Que notre passion
Soit à eux adonnée :
Amour nous vengera,
Quand foi les rangera.

ÉLÉGIE I

PARFAITE AMITIÉ

Quant est d'Amour, je crois que c'est un songe,
Ou fiction, qui se paît de mensonge,
Tant que celui, qui peut plus faire encroire
Sa grand' feintise, en acquiert plus de gloire.
    Car l'un feindra de désirer la grâce,
De qui soudain voudra changer la place :
L'autre fera mainte plainte à sa guise,
Portant toujours l'amour en sa devise,
Estimant moins toute perfection
Que le plaisir de folle affection :
Aussi jamais ne s'en trouve un content,
Fuyant le bien, où tout bon cœur prétend.
Et tout cela vient de la nourriture*
Du bas savoir, que tient la créature.
    Mais l'amitié, que les Dieux m'ont donnée,
Est à l'honneur toute tant adonnée
Que le moins sûr de mon affection
Est assuré* de toute infection
De Faux-Semblant, Danger, et Changement*,
Étant fondé sur si sain jugement
Que, qui verra mon ami apparaître,
Jamais fâché ne le pourra connaître :
Pource qu'il est toujours à son plaisir
Autant content que contient mon désir.
Et si voulez savoir, ô Amoureux,
Comment il est en ses amours heureux :
C'est que de moi tant bien il se contente,
Qu'il n'en voudrait espérer autre attente,
Que celle-là qui ne finit jamais,
Et que j'espère assurer désormais

Par la vertu en moi tant éprouvée,
Qu'il la dira ès plus hauts Cieux trouvée.

   Parquoi, lui sûr de ma ferme assurance,
M'assurerai de crainte, et ignorance.

CHANSON VI

Sans connaissance aucune en mon Printemps j'étais :
Alors aucun soupir encor point ne jetais,
Libre sans liberté : car rien ne regrettais
        En ma vague pensée
De mols et vains désirs follement dispensée.

   Mais Amour, tout jaloux du commun bien des Dieux,
Se voulant rendre à moi, comme à maints, odieux,
Me vint escarmoucher par faux alarmes d'yeux,
        Mais je vis sa fallace* :
Parquoi me retirai, et lui quittai la place.

   Je vous laisse penser, s'il fut alors fâché :
Car depuis en maints lieux il s'est toujours caché,
Et, quand à découvert m'a vue, m'a lâché
        Maints traits à la volée :
Mais onc ne m'en sentis autrement affolée.

   À la fin, connaissant qu'il n'avait la puissance
De me contraindre en rien lui faire obéissance,
Tâcha le plus qu'il peut d'avoir la connaissance
        Des Archers de Vertu,
Par qui mon cœur forcé fut soudain abattu.

   Mais elle ne permit qu'on me fît autre outrage,
Fors seulement blesser chastement mon courage,
Dont Amour écumait et d'envie, et de rage :
        Ô bien heureuse envie,
Qui pour un si haut bien m'a hors de moi ravie !

   Ne pleure plus, Amour : car à toi suis tenue,
Vu que par ton moyen Vertu chassa la nue,
Qui me garda longtemps de me connaître nue,

Et frustrée du bien,
Lequel, en le goûtant, j'aime, Dieu sait combien !
Ainsi toute aveuglée en tes liens je vins,
Et tu me mis ès mains, où heureuse devins,
D'un qui est hautement en ses écrits divins,
Comme de nom, sévère*,
Et chaste tellement que chacun l'en révère.
Si mainte Dame veut son amitié avoir,
Voulant participer de son heureux savoir,
Et que par tout il tâche acquitter son devoir,
Ses vertus j'en accuse
Plus puissantes que lui, et tant que je l'excuse.

XXXIV

Puis que, de nom et de fait, trop sévère*
En mon endroit te puis apercevoir,
Ne t'ébahis si point je persévère
À faire tant, par art, et par savoir,
Que tu lairras* d'aller les autres voir —
Non que de toi je me vousisse* plaindre,
Comme voulant ta liberté contraindre ! —
    Mais avis m'est que ton saint entretien
Ne peut si bien en ces autres empreindre
Tes mots dorés, comme au cœur, qui est tien.

CHANSON VII

Qui dira ma robe fourrée
De la belle pluie dorée
Qui Daphnés* enclose ébranla :
Je ne sais rien moins, que cela.
    Qui dira qu'à plusieurs je tends
Pour en avoir mon passetemps,

Prenant mon plaisir çà, et là :
Je ne sais rien moins, que cela.
    Qui dira que t'ai révélé
Le feu long temps en moi celé
Pour en toi voir si force il a :
Je ne sais rien moins, que cela.
    Qui dira que, d'ardeur commune
Qui les Jeunes gens importune,
De toi je veux... et puis holà !
Je ne sais rien moins, que cela,
    Mais qui dira que la Vertu,
Dont tu es richement vêtu,
En ton amour m'étincela :
Je ne sais rien mieux, que cela.
    Mais qui dira que d'amour sainte
Chastement au cœur suis atteinte,
Qui mon honneur onc ne foula :
Je ne sais rien mieux, que cela.

ÉLÉGIE II

Combien de fois ai-je en moi souhaité
Me rencontrer sur la chaleur d'été
Tout au plus près de la claire fontaine,
Où mon désir avec cil se pourmène
Qui exercite en sa philosophie
Son gent esprit, duquel tant je me fie
Que ne craindrais, sans aucune maignie*,
De me trouver seule en sa compagnie :
Que dis-je : seule ? ains* bien accompagnée
D'honnêteté, que Vertu a gagnée
A Apollo, Muses, et Nymphes maintes,
Ne s'adonnant qu'à toutes œuvres saintes.
    Là, quand j'aurais bien au long vu son cours,
Je le lairrais* faire à part ses discours :

Puis peu à peu de lui m'écarterais,
Et toute nue en l'eau me jetterais :
Mais je voudrais, lors, quant et quant* avoir
Mon petit Luth accordé au devoir*,
Duquel ayant connu, et pris le son,
J'entonnerais sur lui une chanson
Pour un peu voir quels gestes il tiendroit :
Mais si vers moi il s'en venait tout droit,
Je le lairrais hardiment approcher :
Et s'il voulait, tant soit peu, me toucher,
Lui jetterais — pour le moins — ma main pleine
De la pure eau de la claire fontaine,
Lui jetant droit aux yeux, ou à la face.
     Ô qu'alors eût l'onde telle efficace
De le pouvoir en Actéon* muer,
Non toutefois pour le faire tuer,
Et dévorer à ses chiens, comme Cerf :
Mais que de moi se sentît être serf,
Et serviteur transformé tellement
Qu'ainsi cuidât en son entendement,
Tant que Diane en eût sur moi envie,
De lui avoir sa puissance ravie.
      Combien heureuse, et grande me dirais !
Certes Déesse être me cuiderais.
Mais, pour me voir contente à mon désir,
Voudrais-je bien faire un tel déplaisir
À Apollo, et aussi à ses Muses,
De les laisser privées, et confuses
D'un, qui les peut toutes servir à gré,
Et faire honneur à leur haut chœur sacré ?
      Ôtez, ôtez, mes souhaits, si haut point
D'avecques vous : il ne m'appartient point.
Laissez-l'aller les neuf Muses servir,
Sans se vouloir dessous moi asservir,
Sous moi, qui suis sans grâce, et sans mérite.
      Laissez-l'aller, qu'Apollo je n'irrite,

Le remplissant de Déité profonde,
Pour contre moi susciter tout le Monde,
Lequel un jour par ses écrits s'attend
D'être avec moy et heureux, et content.

XXXV*

Si j'aime cil, que je devrais haïr,
Et hais celui, que je devrais aimer,
L'on ne s'en doit autrement ebahir,
Et ne m'en dût aucun en rien blâmer.
　　　Car de celui le bien dois estimer,
Et si me fuit, comme sa non semblable :
Mais de cestui le plaisir trop damnable
M'ôte le droit par la Loi maintenu.
　　　Voilà pourquoi je me sens redevable,
À celui-là, qui m'est le moins tenu.

XXXVI

　　　Si décharger je veux ma fantasie
Du mal que j'ai, et qui me presse fort,
On me dira que c'est la jalousie —
Je le sais bien — qui fait sur moi effort.
Mais qui pourrait être en propos si fort,
Et d'arguments si vivement pourvu,
Que ce que j'ai de mes propres yeux vu
Soit une folle imagination
Il fit accroire à mon sens dépourvu* ?
Il me ferait grand'consolation !

XXXVII

　　　Ne vous fâchez, si à vous je me plains,
Qui connaissez raison mieux que celui
Pour qui souvent par mots de courroux pleins

Donner vous puis, en m'écoutant, ennui.
    Je ne le fais pour me plaindre de lui
Qu'une autre en aie au vrai la jouissance :
Mais certes j'ai grand'crainte, et déplaisance,
Quand j'aperçois votre amitié déjoindre,
Prenant sur lui égard, et connaissance,
Qu'il me délaisse encor pour une moindre.

XXXVIII

    Plus ne m'en chaut, la connaissant à l'œil,
Comme chacun, non plus belle, que bonne :
Mais ce qui plus m'est grief sous le Soleil,
Et qui mon âme ébahit, et étonne,
C'est que par tout j'ois un bruit qui résonne,
De quelque éclipse à mon Jour* survenu,
Mais bien à moi : car il m'a prévenu,
Témoin n'en veux que la persévérance,
Par qui il est tant allé, et venu,
Où moins doutais en ma faible assurance.

XXXIX

    Comme mon Jour*, il peut partout aller,
Par une mode au Soleil coutumière :
Lequel l'on voit monter, et dévaler,
Tournant revoir sa région première.
    Car de ses rais à toutes fait lumière,
Vu qu'elles ont d'ignorance la nuit :
Mais il y est comme au feu la lumière :
Plus elle est noire, et plus fort il reluit.

XL

    Mon Jour était assis tout auprès d'une,
L'entretenant à l'aise, et à repos,
D'affection non autre, que commune,

Mais comme on vient d'un à autre propos.
    Voici Amour sur eux gai, et dispos,
Portant un arc, et traits à la Grégeoise*,
Lequel lâcha deux mots à la Bourgeoise*,
Et au partir lui dit : callimera* !
Lors soupeçon en mon cœur mit grand noise,
Doutant qu'il dît d'elle : qu'il l'aimera !

XLI

    Je le devais prendre à augure
    Que plus qu'elle il m'estimera,
    Et pour ma bonne aventure,
    Même qu'il est mon Imera*,
    Comme disant qu'il m'aimera,
    Et que le verrai enflammer,
    Ainsi que cil qui premier a
    Mon cœur enflammé à aimer.

XLII

    C'est une ardeur d'autant plus violente,
Qu'elle ne peut par Mort ni temps périr :
Car la vertu est d'une action lente,
Qui tant plus va, plus vient à se nourrir.
    Mais bien d'Amour la flamme on voit mourir
Aussi soudain qu'on la voit allumée,
Pour ce qu'elle est toujours accoutumée,
Comme le feu, à force et véhémence :
Et celle-là n'est jamais consumée :
Car sa vigueur s'augmente en sa clémence.

XLIII

    Je n'oserais le penser véritable,
    Si ce n'était pour un contentement,
    Qui fait sentir, et voir ce bien durable

Par la douceur qui en sort seulement.
    De tous les heurs c'est le commencement :
J'en fais témoin le savoir estimable.
Est-ce le bien qu'on dit tant incroyable ?
Je ne le crois, et le sais sûrement.

XLIV

    En lieu du bien que deux soulaient* prétendre,
Je veux le mal toute seule porter :
Puis que malheur ainsi me veut surprendre,
Il est besoin qu'aprenne à supporter.
    Ô foi, amour, plaisir, se contenter,
Ce n'est moyen de mon mal subvertir.
Hélas, j'ai bien cause de regretter
Ce qui soulait* en deux se départir.

XLV

    Un seul je hais, qui deux me fait aimer*
Plus par pitié d'aveuglée jeunesse,
Qui trouve doux ce que je trouve amer,
Que par instinct d'amoureuse détresse,
Laquelle toute au quatrième m'adresse,
Le voyant tout en moi s'iniquiter.
    Parquoi, voulant envers tous m'acquitter,
Contrainte suis — afin que ne m'écarte —
Fuyant les trois, le quatrième quitter,
Pour non trembler si grosse fièvre quarte.

XLVI

    Aucuns ont dit la Théorique
Être devant que la Pratique :
Ce que bien nier on pouvait.
    Car qui fit l'art, jà la savait,
Qui est un point qu'un Sophistique

Concéderait tout en dormant :
Quant à moi je dis, pour réplique,
Qu'Amour fut premier, que l'Amant.

———

CHANSON VIII

Heureuse est la peine
        De qui le plaisir
        À sur foi certaine
        Assis son désir.
    L'on peut assez en servant requérir,
Sans toutefois par souffrir acquérir
        Ce que l'on pourchasse
        Par trop désirer,
        Dont en male grâce
        Se faut retirer.
            Car un tel service
        Ne prétend qu'au point,
        Qui par commun vice
        L'honneur pique, et point*.
    Et ce travail en fumée devient
Toutes les fois, que la raison survient,
        Qui toujours domine
        Tout cœur noble, et haut,
        Et peu à peu mine
        Le plaisir, qui faut*.
            Mais l'attente mienne
        Est le désir sien
        D'être toute sienne,
        Comme il sera mien.
    Car quand Amour à Vertu est uni,
Le cœur conçoit un désir infini,
        Qui toujours désire
        Tout bien haut et saint,

Qui de doux martyre
L'environne, et ceint.
        Car il lui engendre
Une ardeur de voir,
Et toujours apprendre
Quelque haut savoir :
Le savoir est ministre de Vertu,
Par qui Amour vicieux est battu,
        Et qui le corrige,
        Quand dessus le cœur
        Par trop il s'érige
        Pour être vainqueur.
                C'est pourquoi travaille
        En moi cet espoir,
        Qui désir me baille
        Et voir, et savoir.
Étant ainsi mon espoir assuré,
Je ne crains point qu'il soit démesuré :
        Mais veux bien qu'il croisse
        De plus en plus fort,
        À fin qu'apparoisse
        Mon cœur ferme, et fort.
                Et que toujours voie,
        Travaillant ainsi,
        Tenir droit la voie
        D'immortel souci.
Si donc il veut en si haut lieu monter
Qu'il puisse Amour en la Mort surmonter,
        Sa caduque vie
        Devra soulager
        D'une chaste envie
        Pour l'accourager.
                Ainsi m'accompagne
        Un si haut désir
        Que pour lui n'épargne
        Moi, ne mon plaisir.

XLVII

C'est un grand mal se sentir offensé,
Et ne s'oser, ou savoir à qui plaindre :
C'est un grand mal, voire trop insensé,
Que d'aspirer, où l'on ne peut atteindre :
C'est un grand mal que de son cœur contraindre,
Outre son gré, et à sujétion :
C'est un grand mal qu'ardente affection,
Sans espérer de son mal allégeance :
    Mais c'est grand bien, quand à sa passion
Un doux languir sert d'honnête vengeance.

XLVIII

Non que je veuille ôter la liberté
À qui est né pour être sur moi maître :
Non que je veuille abuser de fierté,
Qui à lui humble et à tous devrais être :
Non que je veuille à dextre et à senestre
Le gouverner, et faire à mon plaisir :
Mais je voudrais, pour nos deux cœurs repaistre,
Que son vouloir fût joint à mon désir.

XLIX

Point ne se faut sur Amour excuser,
Comme croyant qu'il ait forme, et substance
Pour nous pouvoir contraindre et amuser,
Voire forcer à son obéissance :
    Mais accuser notre folle plaisance
Pouvons-nous bien, et à la vérité,

Par qui un cœur plein de légèreté
Se laisse vaincre, ou à gain, ou à perte,
Espérant plus, que n'aura mérité
Son amitié de raison moins experte.

L

Deux amis, joints par étroite amitié,
Eurent, sans plus, une dissension :
L'un soutenait — par raison la moitié —
Que le Thuscan* a plus d'affection :
L'autre disait — par résolution —
Que le Français parle plus proprement.
     Pour les vouloir mettre d'appointement,
Je dis qu'ils sont tous deux beaux à décrire :
Mais, pour en faire au vrai le jugement,
Celui dépeint ce que cestui veut dire.

LI*

Vidi d'intorno del Parnaso fonte
Per gratia di colei, che nulla asconde,
Di gente piena tutto el piano e'l monte :
E più vidi un, ch'en le sacrate sponde
Stava de l'acque, e tre ghirlande assonte
Havea d'un Lauro, ch'ombregiava l'onde :
Tal ch'Apollo disse, come dir' suole,
Questo sarà l'honor mio gran se vuole.

LII*

Colpa ne sei, Amor, se troppo volsi
Aggiongendo alla tua bocca la mia :
Ma se punir'mi vuoi di quel, che tolsi,

Fà che concesso il replicar mi sia :
Che tal docezza in le tuoi labbia accolsi,
Che fu lo spirto per partirsi via :
Sò ch'al secondo bascio uscirà fuora :
Bascia me adunque, se tu vuoi ch'i'muora.

CHANSON IX

Je suis la Journée,
     Vous, Amy, le Jour,
     Qui m'a détournée
     Du fâcheux séjour.
  D'aimer la Nuit certes je ne veux point,
Pource qu'à vice elle vient toute à point :
     Mais à vous toute être
     Certes je veux bien,
     Pource qu'en votre être
     Ne gît que tout bien.
       Là où en ténèbres
     On ne peut rien voir
     Que choses funèbres,
     Qui font peur avoir,
  On peut de nuit encor se réjouir
De leurs amours faisant amants jouir :
     Mais la jouissance
     De folle pitié
     N'a point de puissance
     Sur notre amitié,
       Vu qu'elle est fondée
     En prospérité
     Sur Vertu sondée
     De toute équité.
  La nuit ne peut un meurtre déclarer,
Comme le jour, qui vient à éclairer
     Ce que la nuit cache,

Faisant mille maux,
Et ne veut qu'on sache
Ses tours fins, et cauts*.
        La nuit la paresse
Nourrit, qui tant nuit :
Et le jour nous dresse
Au travail, qui duit*.
    Ô heureux jour, bien te doit estimer
Celle qu'ainsi as voulu allumer,
        Prenant toujours cure
        Réduire à clarté
        Ceux que nuit obscure
        Avait écartés !
            Ainsi éclairée
        De si heureux jour,
        Serai assurée
        De plaisant séjour.

CHANSON X

CONDE CLAROS* DE ADONIS

Amour avecques Psyché,
Qu'il tenait à sa plaisance,
Jouait ensemble aux échets*
En très-grand' réjouissance.
        Mais bien tôt il a ouï
Bien loin lamenter un Cygne,
De quoi peu s'est réjoui
Et l'a pris pour mauvais signe :
        Laissons le jeu, je vous prie,
Dit-il d'une voix amère,
Et allons ouïr le cri
Du messager de ma mère.
        Lors tous deux s'en vont bouter

À la prochaine fenêtre,
Et leur vue droit jeter,
Là où l'Oiseau pouvait être.

    Si* ont vu, sur un étang
Long et grand comme une Mer,
Un beau Cygne pur et blanc,
Qui chantait un chant amer :

    Ô Déesse, disait-il,
Régnant au ciel Empirée,
Par ton engin* trop subtil
Notre joie est empirée,

    Puis que par ta grand'envie
Au malheureux Adonis
Tu as abrégé la vie,
Et sont ses beaux jours finis.

    Et notre pauvre Maîtresse
Seule au bois il a laissée,
De douleur et de détresse
Mortellement offensée,

    Tant que plus ne veut porter
Ni le vert, ni couleur gaie :
Mais pour se réconforter
À la mort en vain s'essaie.

    Lors l'Enfant à ces nouvelles
Son épouse a accollée,
Et, ébranlant ses deux ailes,
En l'air a pris sa volée,

    Lequel tant il a fendu,
Traversant mainte contrée,
Qu'auprès il s'est descendu
De sa mère rencontrée.

    Comme lui, sont arrivés
Les Grâces, et ses deux frères,
De toute joie privés,
Et de tristesse confrères,

    Qui, pour donner allégeance

À la Déesse dolente,
Ont tous juré la vengeance
De la bête violente.

    Parquoi entrant dans le bois
Chacun déploie sa Trousse,
Mettant les chiens aux abois
Pour donner au Porc la trousse,

    Mais si bien ont pourchassé
Et continué leur suite,
Que le Sanglier tout lassé
N'a su où prendre la fuite,

    Parquoi toute la cohorte
S'est étendue à l'entour,
Et d'une corde bien forte
Au col lui ont fait maint tour.

    L'un le traînait par la corde,
L'aiguillonnant, et heurtant,
L'autre sans miséricorde
De son arc l'allait battant.

    Ainsi pris l'ont amené
Devant Vénus éplorée,
Qui pour lui a démené
Complainte désespérée,

    Et tant de lui se doulait*
Que, sans plus vouloir attendre,
Tout soudain elle voulait
L'étrangler de sa main tendre.

    Mais les Grâces lui ont dit
Qu'elle se ferait outrage,
À fin qu'à ce contredit
Elle apaisât son courage.

    Qui eût vu alors la bête,
Comme morte elle semblait,
Humblement baissait la tête,
Tant de peur elle tremblait.

    Adonc sous un arbre épais

Vénus, de douleur troublée,
À commandé faire paix
À toute celle assemblée :
    As-tu, dit-elle au Sanglier —
Qui était mal assuré, —
Osé ainsi déplier
Ton courroux demesuré ?

    Qui t'a mû, bête insensée,
D'avoir mon ami outré* ?
Et, ce dit, comme offensée,
Adonis lui a montré,

    Qui gisait tout étendu,
La face décolorée,
Dont maint soupir a rendu
La pauvre Amante éplorée.

    Alors le Sanglier honteux
S'est prosterné à genoux,
Et, d'un son doux et piteux,
S'est excusé devant tous,

    Disant : Déesse honorée,
Pardonne-moi ce méfait :
Car d'ire délibérée
Ne t'ai cet outrage fait.

    Bien est vrai que, quand je vis
La forme du Jeune enfant,
Certes il me fut avis
De voir un Dieu triomphant,

    Tant me donnait grand'merveille
Sa chair blanche, et délicate,
Et sa bouche plus vermeille
Que n'est aucune Écarlate.

    Parquoi d'une ardeur surpris
Je me laissai approcher,
Me semblant un trop grand prix,
Si je le pouvais toucher.

    Dont au contour d'une branche,

Pour mon ardeur apaiser,
Découvrant sa cuisse blanche,
Je la lui voulus baiser.

    Mais lui, trop chaud et ardent,
Suivant sa course adressée,
Se va jeter sur ma dent
Que je tenais abaissée,

    Et tellement lui méchut,
Qu'à celle heure trop perverse
Au plus près de moi il chut
Tout sanglant à la renverse.

    Mais j'atteste tous les Dieux,
Juges de mon innocence,
Que sur moi j'eusse trop mieux
Désiré si grand offense.

    Et pource que la dent fit
Si outrageux maléfice,
Et que tant vers vous méfit,
Je veux bien qu'on la punisse.

    Voici la dent, et la hure,
Qui ont causé tel émoi :
Las, de leur male aventure
Prenez vengeance sur moi.

    Ainsi de l'offense grande
Le pauvre Porc s'excusait :
Et toutefois pour l'amende
À la mort il s'accusait.

    Si grande était la douleur
Et le regret qu'il souffrait, —
Comme cause du malheur, —
Qu'à tout tourment il s'offrait.

    Parquoi toute l'assistance
Vont à Vénus supplier
De mitiguer sa sentence,
Et son courroux oublier :

    Déliez-le donc, dit-elle,

Puis que pour mon Ami mort
Il s'accuse à mort cruelle,
Ayant de son fait remords.

    Mais qu'il jure qu'ès forêts
Jamais plus il n'entrera,
Ains* qu'en boues, et marais,
Toujours il se vautrera.

    Et afin que désormais
Se souvienne du méfait,
Je veux qu'il porte à jamais
Une marque de son fait :

    C'est qu'en terre l'étendrez,
Et, pour réparer l'injure,
Les pieds autant lui fendrez
Que la plaie a d'ouverture,

    À fin que par ce moyen
Ceux qui le rencontreront
Entendent le malheur mien,
Dont, peut-être, pleureront.

    De Vénus ce mot sacré
Ne fut point hors de sa bouche,
Que la bête de son gré
Dessus la terre se couche,

    Et souffrit patiemment
Exécuter la sentence :
Puis, debout, bien humblement
Remercia l'assistance.

    Et, pour montrer qu'il voulait
Que l'on sût sa déplaisance,
N'a depuis, comme il soulait*,
Aux bois fait sa demeurance.

LIII

Toute personne assez jeune, et moins docte
Qu'il ne faudrait pour s'expérimenter,
Par une mode et ignorante et sotte
Voudra toujours son pareil fréquenter :
  Mais un cœur haut tâchera de hanter
Où il verra sa perfection pleine,
À celle fin que, pour se contenter,
Tout bien lui soit usure de sa peine.

LIV

Celle clarté mouvante sans ombrage,
Qui m'éclarcit en mes ténébreux jours,
De sa lueur éblouit l'œil volage
À l'inconstant, pour ne voir mes séjours :
Car, me voyant, m'eût consommé toujours
Par les erreurs de son errante flèche.
  Parquoi l'esprit, qui désir chaste cherche,
En lieu de mort a eu nouvelle vie,
Faillant* aux yeux — dont le corps souffrant sèche —
De mes plaisirs la mémoire ravie.

ÉPÎTRE I

COQ-À-L'ÂNE

Ami, je n'ai Laquais, ni Page,
Qui bien sût faire mon message,
Ne telle chose raconter
Que me sens au cerveau monter

En cette plaine, et bel espace.

    Mon Dieu, comme le monde passe
En oisiveté par simplesse !
Ne voit-on point tant de sagesse
Que le plus fol demeure maître ?
Il n'y a rien si beau, que d'être
Auprès de quelque beau donneur.

    Serait-ce pas grand déshonneur
De la laisser ainsi pucelle ?
Je ne dis pas que ce fût elle
Qui m'a donné l'occasion.

    Cherchons autre occupation
Pour parvenir à la légère :
Car voulentiers une étrangère
Sera toujours la mieux venue,
Pour autant que, quand elle est nue,
Elle change d'accoutrement :
Comme celui qui point ne ment,
Quand il s'excuse sur un compte.

    Nul n'est tenu de rendre compte —
Après la paye — du reçu.
Ô qu'il est bien pris, et déçu,
Le doux Pigeon aux Tourterelles !

    Laissons cela : ce sont querelles
Que les Grecs eurent aux Troyens.
On ne vit onc tant de moyens
Depuis que le tabourin sonne.

    Qui saurait comme l'eau de Saône
Fait le beau teint aux Damoiselles,
Tant de peine ne prendraient celles
À distiller pour se noircir —
Je voulais dire : à s'éclaircir —
Leur blanche et délicate peau.

    À mal juger ne faut appeau :
Puis qu'on n'en paye que l'amende :
Celui qui me doit, me demande !

Mais c'est chose par trop notoire,
Que l'on nous peut bien faire croire,
Qu'une robe faite à l'antique
Ne montre le corps si étique,
Bien qu'il soit un petit trop juste
Pour courtisaner à la buste.

Mais j'en croirais plus tôt la preuve
De son ami, quand il la treuve
Sur le fait de la piperie.

C'est ce qui perd la confrérie
De saint Amour, qui nous surprend,
Puis qu'en lieu de donner on prend.

Or à Dieu donc, lâche journée,
Puis qu'elle est jà tant séjournée,
Que l'on n'en corne plus la prise :
Tant y va le pot qu'il se brise,
Qui nous fait après bon métier*.

S'elle savait bien le métier,
On ne craindrait point le danger
De ce plaidoyeur étranger :
Mais qu'on le plume sans mentir
Avant qu'il le puisse sentir.

ÉLÉGIE III

LA NUIT

La nuit était obscure, triste et sombre,
Toute tranquille, et prête à maléfice,
Tous animaux reposant sous son ombre :

Mais mon esprit, très-prompt à son office,
Ne permettait au corps de sommeiller
Un tant soit peu pour chose que je fisse.

Parquoi, contrainte en mon lit de veiller,
Entrai si fort en contemplation,

Qu'on ne m'eût su en veillant réveiller :
    Lors travaillant l'imagination
Je discourais plus avant que les Cieux
Avecques douce, et longue passion.

    Avis m'était qu'en lieu délicieux
Je me trouvais, avec un si grand aise,
Que souhaiter je n'eusse su de mieux.

    Car en ce lieu tout bruit, tout cri s'apaise,
Et n'oit-on rien, dont fort je m'ébahis,
Qui me donna quelque peu de malaise.

    Pour m'enquérir découvrais le pays,
Et ne voyais que figures horribles,
Monstres du monde et de mon Jour haïs.

    Comment, ô Dieux, ces bêtes tant terribles
Peuvent, disais-je, ici vivre en silence ?
Choses de croire à moi trop impossibles.

    Car elles sont aptes à violence,
Et, à les voir, ennemies de paix
Les jugeriez par leur impatience.

    Ainsi long temps d'envie je me pais,
Et de désir, d'entendre un peu leur être,
Dont à présent, pour un peu, je me tais.

    Car je vois là venir à main senestre
Une grand'Dame, à qui font révérence
Maint Laboureur, Noble, Marchand et Prêtre.

    Car elle était de si belle apparence
Que, pour pouvoir à elle parvenir,
L'un ne faisait à l'autre différence.

    Mais bien voyais de tous côtés venir
Un si grand peuple, et gens à si grand nombre,
Que de leurs noms ne me puis souvenir.

    Et tant étaient, qu'ils se faisaient encombre
Pour celle Dame attoucher, et puis suivre,
Comme captifs, et joyeux de son ombre.

    Plus la suivaient, plus la voulaient poursuivre :
Son seul regard si fort les délectait,

Qu'ils ne pouvaient, sans elle, une heure vivre.
    Une grand'Reine à son côté était —
Deux, ou trois pas toutefois plus arrière —
Qui sceptre d'or, et couronne portait.
    Mais elle allait d'une mode si fière,
Et d'un orgueil si roguement enflée,
Que de parler d'elle donnait matière.
    Et toutefois la plus part à l'emblée
Des poursuivants à la Dame adressait :
Parquoi vers elle accourait l'assemblée.
    Le plus souvent pour eux elle oppressait
Tous ceux, qui d'elle au fort ne faisaient compte,
Et au besoin à part les délaissait.
    Mais au contraire elle était si très-prompte
Pour avancer tous les favorisés,
Qu'elle faisait à tous les autres honte.
    Parquoi les siens, étant ainsi prisés,
Ne craignaient point souvent à repousser
Ceux qui n'étaient par elle autorisés.
    Dont en peu d'heure elle vint à hausser,
Et tellement son grand pouvoir étendre,
Que les plus loin craignaient la courroucer.
    Et mêmement qu'elle faisait entendre
À la grand'Dame, à croire trop facile,
Qu'elle pouvait sur les Rois entreprendre,
    Et qu'il n'était chose tant difficile,
N'engin si dur réduit, sous son pouvoir,
Qui ne devînt incontinent docile.
    Or la grand'Dame — à parler au devoir —
Était aveugle en sa méconnaissance,
Et ne voulait ses fautes point savoir :
    Et pour autant en sa grande puissance
Se reposait sur cette avare Reine,
Remettant tout en elle sa fiance,
    Qui, par sa face attrayante, et sereine,
Dessus la terre, et la ronde Machine

En peu de temps la rendit souveraine :
    Vu qu'une Vieille hideuse, et qui rechine
Toujours des dents de ses mains embridés,
Sèche, et jaunâtre, à courbe, et longue échine,
    Joue enfoncée, yeux rouges tout ridés,
Ce néanmoins soigneuse, et diligente
À appeler les plus outrecuidés*,
    Pour sa moitié était demi-Régente
Pour cette Reine au besoin soulager,
Car à servir ne fut onc négligente.
    Cette en ce point venait accourager
Ceux de sa sorte, et si bien leur aidait,
Qu'ils venaient tous de haine à enrager.
    Tout chacun — presque — à les ensuivre ardait* :
Mais à l'écart séait une autre Dame,
Qui les mieux nés gentiment retardait.
    La face avait rouge, comme une flamme,
Et toutefois d'une masque couverte,
Se tenant loin de celle gent infame :
    En faits discrète, et en parler diserte,
Sur la grand'Dame ayant toujours l'œil droit,
Maugré la Reine à l'avarice experte :
    Ceux qui fuyaient le faux, aimant le droit,
La suivaient tous, et la tenaient de près,
Dont ils étaient loués en maint endroit,
    Bien que souvent par les malins d'auprès
Fussent moqués secrètement à part
Et en public, par mots et signe exprès ;
    Mais la grand'Dame, allant en mainte part,
Toujours tournait sa vue çà et là,
Dont ils avaient, maugré la Reine, part.
    Et tellement qu'elle, voyant cela,
Pour les ouïr les faisait approcher :
Car onc à nul elle ne se cela.
    Quand quelqu'un d'eux la pouvait attoucher,
Et bien au long son vouloir lui déduire,

Elle l'avait, plus que les autres, cher :
    Tant qu'ils venaient par sa clarté à luire
Par dessus tous, vu qu'elle les voyait
Ne la vouloir par les autres séduire.
    Aussi déjà trop elle s'ennuyait
Des importuns, et de leur grande audace,
Parquoi le plus elle les renvoyait.
    Lors voyait-on chacun leur faire place,
Bien que parfois les plus malicieux
Les empêchaient par fait, ou par menace ;
    Et çà et là couraient ambitieux,
Qui, machinant, d'un accord se rangeaient
Contre les bons avec les envieux ;
    Mais à la fin de dépit enrageaient :
Car, où la Dame honteuse s'approchait,
Comme confus, par les siens s'étrangeaient.
    La Vieille alors ses cheveux arrachait
De grand'douleur, et de fine détresse,
Et à gagner contre eux elle tâchait.
    En telle foule, et si confuse presse
D'elles chacune à son profit regarde,
Mais complaisant toujours à sa Maîtresse.
    Tant les suivis, qu'en fin je me pris garde
De Monstres maints horribles, et difformes,
Que la grand'Dame avait là pour sa garde :
    Lesquels, combien que de diverses formes
Ils fussent tous, et sans être semblables,
Si* étaient-ils à mal faire conformes.
    M'ébahissant que ces gens misérables
N'avaient horreur, pour un si vain désir,
De fréquenter à l'entour de ces Diables,
    Si* m'en enquis au long, et à loisir,
D'un poursuivant qui d'ardeur périssait
Pour parvenir au but de son plaisir.
    Mais la clarté qui tant plaisante issait*,
Ce me dit-il, des yeux de la Princesse,

Tous poursuivants en sorte éblouissait
    Que, plus suaient, et travaillaient sans cesse,
Plus ce travail leur était grand repos,
Et tout tourment leur servait de liesse.
    Encor que point n'eussent à tous propos
Si bon aspect d'elle qu'ils espéraient,
Si* n'étaient-ils pour cela moins dispos :
    Ains* que toujours après ils tâcheraient,
Sans regarder que leur destruction,
En temps perdu les désespéreraient.
    Parquoi, voyant leur grand'confusion,
Je ne me peux tenir alors de rire,
Bien que sentisse être une illusion :
    Et d'une joie entremêlée d'ire,
Non seulement me pris à détester
Ces Monstres vains, mais très-bien les maudire :
    Vu qu'ils venaient le monde inquiéter,
Et si* ne sont d'eux-mêmes moins qu'une ombre,
Qui le cerveau nous vient à hébéter,
    Au libre arbitre étant fâcheux encombre
Pour colorer notre concupiscence,
Nos vains désirs, et folies sans nombre.
    Et, nonobstant qu'ils n'aient aucune essence,
Par une folle imagination
Nous en faisons notre vraie science.
    Ô misérable est la condition
De nous, humains, laquelle est toujours prompte
À inventer notre perdition !
    Mais sur ce point je vois l'aube qui monte
Chassant bien loin cette tourbe nuisante
De Vaine gloire, Ambition, et Honte :
    Si* m'éjouis en la clarté plaisante
De mon clair Jour, que je vis apparaître,
Pour éclaircir ma nuit très-mal plaisante,
Comme il se fait assez de soi connaître.

ÉLÉGIE IV

DÉSESPOIR
TRADUIT DE LA PROSE
DU PARANGON* ITALIEN

Si c'est Amour, pourquoi m'occit-il donc*,
Qui tant aimai, et haïr ne sus onc ?
Et s'il m'occit, pourquoi plus outre vis ?
Et si ne vis, pourquoi sont mes devis
De désespoir et de plaints tous confus ?
Meilleur m'était, soudain que né je fus,
De mourir tôt que de tant vivre, même
Que mortel suis ennemi de moi-même :
Et ne puis, las, et ne puis vouloir bien,
Ne voulant celle, en qui gît l'espoir mien :
Et ne puis rien, fors ce que veut la dame,
De qui suis serf de cœur, de corps, et d'âme.
    Être ne peut mon mal tant lamenté,
Que de plus grand ne soye tourmenté :
Et ne pourrais montrer si grand'douleur,
Qu'encor plus grand ne celât mon malheur.
    Las ! je ne suis prisonnier, ni délivre :
Et ne me tient en espoir, ni délivre
Mon bien servir, qui de mort prend envie.
    Je ne suis mort, ni je ne suis en vie,
Me contraignant à plaindre mon mal-aise :
Et raison veut toutefois que me taise
Pour n'offenser ce que servir désire,
Qui mon vouloir en mille parts dessire*.
    L'âme connaît que de si très-bas lieux,
Dont mes grands pleurs montent jusques aux yeux,
Jamais les voix ne peuvent être ouïes,
Ni en hauteur si grande réjouies :

Car ce mien feu, qui peu à peu me fond,
Est dans mon cœur allumé si profond,
Qu'il ne peut pas, bien qu'il soit grand, reluire
Devant les yeux qui, pour mal me conduire,
Font le Soleil de grand'honte retraire :
Ainsi je meurs, étant contraint me taire.

    Pour moi ne vois remède suffisant,
Ne pour ma peine aucun moyen duisant* :
Car mon désir a peur de désirer,
Qui tant plus croît, tant plus fait empirer
Ce mien espoir, qui peu à peu me faut*,
Et toutefois en moi point ne défaut,
Ni s'amoindrit ma grande passion :
Mais toujours croît par obstination.

    La Mort me suit, non pour paix me donner,
Mais seulement pour ne m'abandonner :
Aussi celle est, qui pallie, et adombre
De mes travaux un non guère grand nombre :
Parquoi je dis — sans ailleurs recourir —
Qu'on peut trouver plus grand mal que mourir ;
Mais bien meilleur est mourir à qui aime
En grand'douleur, et peine tant extrême.

    Car, vivant, faut — misérable — qu'il sente
Les grands douleurs de la peine présente,
Ayant toujours du passé souvenir ;
La crainte aussi de celles à venir
Incessamment lui redouble sa peine :
Parquoi sa foi est en espoir bien vaine.

    Chétifs Amants ! aucun ne dût s'offrir
À telle ardeur, peine à douleur souffrir
En un espoir — plus vain que l'on ne pense —
D'une, peut-être, ingrate récompense :
Car de l'amour la force tant aiguë
Pour bien servir ne peut être vaincue.
Et plusieurs fois — et à la vérité —
On voit celui, qui a moins mérité,

Être, pour vrai, le mieux récompensé,
Qui ne dût être à tel bien dispensé.
    En telle guerre, où vertu sert de vice,
Ne vaut avoir ferme foi, ni service.
Puis donc qu'on m'ôte, et denie victoire,
Qui m'était due, il est par trop notoire
Que là où meurt, et où gloire dévie,
C'est gloire aussi que tôt meure la vie.
    Aussi, ô Dieux, avec cette mort mienne,
Mourront mes maux, et ma plaie ancienne,
Mon espérance, et désir obstiné,
Et mon arbitre en mal prédestiné,
Mon mal, ma peine avec mes fâcheries,
Amour aussi avec ses tromperies.

ÉLÉGIE V

CONFORT

Si l'on pouvait par un repentir cher
Donner remède, et quelque exploit chercher
Aux maux reçus, et dommages passés,
Certainement j'en demourrais assez
Au dit de ceux qui sont persévérants
En leur amour, sans sortir hors des rangs :
Et qui — vraiment — sont de telle excellence
Qu'en eux vertu, par longue patience
S'évertuant, plus fort se glorifie ;
Nature aussi du tout s'y fortifie,
Et tellement que, dessus eux, Fortune
N'a nul pouvoir, et n'a puissance aucune,
Sinon d'autant que le veut et commande
L'injuste Amour, qui raison ne demande.
    Mais que te vaut ? Tu décharges ta Dame
En l'accusant, et en lui donnant blâme

L'honores mieux. Vitupérant la loues ;
La déniant, plus fort tu la t'avoues.
Et si tu veux, comme dure et cruelle,
La blasonner, par raison naturelle
Tu la viendras, comme juste, adorer,
Et en ton cœur sa vertu odorer.

 Car ce qui dût le nœud lier, le soud* :
Ce qui devrait bien fort contraindre, absout ;
Et ce que plus on détraint*, et délie,
C'est ce qui plus éternellement lie.

 La hauteur sienne, où son cœur se pourmène —
Qui la démontre être douce, et humaine —
La contraint être en voulenté très-rude,
Comme confite en toute ingratitude.

 Mais elle feint, contre le sien vouloir,
D'avoir d'amour un constant nonchaloir :
Car son désir, et la crainte d'injure
Vainc ton servir, qui à t'aimer l'adjure.
Parquoi ces parts, qui en toi sont amables
D'honnêteté, se font déraisonnables.
Et son amour très-sage contredit
À ton vouloir de raison interdit.

 Son sens aigu, son mûr entendement
Connaît assez valeur apertement,
Et qui l'incite, et jour et nuit convie
À te vouloir bien, et heureuse vie,
Et, s'il n'était honte, qui la révoque,
Elle userait d'une amour réciproque.
Mais quoi ? Raison a sus elle pouvoir,
La détournant de faire son devoir,
Et la retient à non te satisfaire,
Combien qu'elle eût voulenté de ce faire.

 Ainsi tu peux en ton ardeur choisir
Et joie, et deuil, plaisir, et déplaisir,
Doux, et amer, faveur, et défaveur,
Désappétit, révoquée faveur.

Donc, ô Amant, prends en toi réconfort,
Et contre Amour veuille-toi montrer fort.
Ne permets point que désespoir dispute
Contre ton sens : mais à guerdon* répute,
Voire à très-grande et juste récompense,
Qu'il lui déplaît, toutes fois qu'elle pense
Que tu n'as mal que pour lui vouloir bien,
Dont tu ne peux guérir sans son moyen.

    Réjouis-toi, et veuille t'estimer,
Vu que de toi elle se souffre aimer,
T'ayant toujours au devant de ses yeux,
Et que, de cœur plus triste que joyeux,
Tes plaintes voit, et sans dédain les lise,
D'elles aussi les piteux mots élise,
Et que pour toi, elle a daigné mouvoir
La sienne main à te faire savoir
Sa tendre en toi et grand'compassion,
Te déclarant par son affection
Chose à autrui non jamais accordée,
Ni par fortune en discord recordée*.

    Or considère en outre que, depuis
Que tu as mis sus elle tes appuis
Et dédié ta totale fortune,
Tu es venu trop plus haut que la Lune
En los*, et bruit, et honorable fame* :
Et tu te veux laisser choir en diffame !

    Va ! remercie, et te prosterne en face
Devant les Cieux, qui t'ont fait cette grâce
D'être venu en ce temps, pour la voir
Telle où Nature a mis tout son savoir :
Telle pour qui, pour non la voir, plaindront
Tous Siècles saints, qui après toi viendront.

    Ne cherche point remède à prendre fin,
N'à te priver de sa présence, afin
Que de ta mort la nouvelle piteuse
Ne lui causât douleur, et vie honteuse !

S'elle te veut avec pitié pourvoir,
Ne dois-tu point plus tôt désirer voir
La tienne mort avec le sien honneur
Que voir sa coulpe, et ta vie en bon heur ?
Et si elle est pour ta douleur en peine,
Ou en souci, tiens pour chose certaine
Que son vouloir raisonnable conteste
À satisfaire à ton vouloir moleste.

Aye douleur de sa peine et misère,
La déchargeant de coulpe si légère :
Préfère aussi sa sainte renommée
À vie étant de toi tant peu aimée.

Conforte-toi, qu'elle est seule la cause
De ton travail, qui ne peut trouver pause.

Conforte-toi par propos immortel,
Que de ton mal le fondement est tel
Que seulement pour avoir mis si haut
Le tien désir, et l'espoir, qui te faut*,
Cela te donne assez de récompense
De ton travail. Pour autant doncques pense
Qu'en cette soif et altération
Tu peux avoir réfrigération.

Car le tourment, que tu souffres pour elle,
Être te doit joie continuelle
À ton esprit, et doux contentement,
Et au travail très-grand allègement.
Car il n'est rien, tant soit grand, en ce monde,
Qui vaille autant, que ce mal, qui t'abonde.

Or te soit donc triomphante victoire
D'être vaincu d'elle, qui est ta gloire.

S'elle te tient, et vainc pour son captif,
Son cœur sera au tien plus intentif.

S'elle te tient sous condition serve,
À quelque fin, peut-être, te réserve.
Laisse-lui donc, toi étant sien, la cure
De ce qu'elle a, et à soi se procure .

Laisse-lui donc le soin et pensement
De ce qu'est sien : car naturellement
On ne veut point voir la perdition
De ce qu'on a en sa possession.

LV-LIX

MÔMERIE*
DES CINQ POSTES* D'AMOUR

LE PREMIER POSTE

Amour, craignant qu'ayez abandonné
Lui et son train, en éloignant sa cour,
Soudainement m'a ce paquet donné,
Me commandant par le chemin plus court
Vous faire entendre, ainsi que le bruit court,
Qu'il n'y aura de vous belle ni laide
— Si ainsi est — qu'il ne laisse tout court
Pleurer en vain son secours et son aide.

LE SECOND

J'ai dépêché hâtivement
Ce Courrier, pour tant seulement
Vous aller deux petits mots dire,
Que je n'ai eu loisir d'écrire.
   Si lui donnez* créance et foi,
Comme vous voudriez faire à moi
   Par celui qui, dessous ses ailes,
   Range le cœur des Damoiselles.

LE TIERS

Amour, qui au vif m'a tâté
Du haut renom de vos louanges,
M'a de si loin, et tant, hâté
Que, sans craindre chemin gâté
De tant de pluies et de fanges,
Et sans dormir que tout bâté,
Suis venu voir vos faces d'Anges,
Que je trouverais bien étranges,
Si, après avoir tant couru,
Je n'étais de vous secouru.

LE QUART

Si vous voulez qu'Amour, ce puissant Dieu,
Aye chez vous tant soit petite place :
Certes il veut loger tout au milieu,
Et plus haut lieu de votre bonne grâce.
Si le voulez, je vous puis dire en face
Que, nonobstant que je sois son Courrier,
Si* veut-il bien que tant vers vous je fasse,
Que je lui serve à présent de fourrier.

LE CINQUIÈME

Ce petit Dieu, qui s'est fait maître
Des tendres cœurs des Damoiselles,
M'a fait, je ne sais comment, naître
Un doux espoir plein d'étincelles,
Que, qui court pour Dames si belles,
Ne souffre travail ni émoi.
S'il est vrai, je ne veux pour elles
Épargner mon cheval, ni moi.

LX

POUR UNE ANATOMIE*

Qui voudra bien contempler l'Univers,
Où du grand Dieu le grand pouvoir abonde
En éléments, et animaux divers,
En Ciel, et Terre, et Mer large et profonde,
Vienne voir l'homme, où la machine ronde
Est toute enclose, et plus, qui bien le prend.
   Car pour soi seul en ce sien petit monde
À tout compris, celui qui tout comprend.

ÉPÎTRE II*

À UN SOT RIMEUR, QUI TROP L'IMPORTUNAIT D'AIMER

Tu te plains que plus ne rimasse,
Bien qu'un temps fut que plus aimasse
À étendre vers rimassés,
Que d'avoir biens sans rime assez :
Mais je vois que qui trop rimoye
Sus ses vieux jours enfin larmoye.
   Car qui s'amuse à rimacher
À la fin n'a rien à mâcher.
   Et pource, donc, rime, rimache,
Rimone tant et rime hache,
Qu'avecques toute ta rimaille
N'aies, dont tu sois marri, maille :
Et tu verras qu'à ta rimasse
Comme moi feras la grimace,
Maudissant et blâmant la rime,

Et le rimasseur qui la rime,
Et le premier qui rimona
Pour le grand bien qu'en rime on a.
Et tu veux qu'à rimaillerie
Celui qui n'aura maille rie ?
    Je te quitte, maître rimeur,
Et qui plus a en sa rime heur,
En rime los*, en rime honneurs,
Ensemble tous tels rimoneurs.

Œuvres
de Louise Labé,
Lyonnaise.

Élégies et Sonnets.

PRÉFACE

A.M.C.D.B.L.*

Étant le temps venu, Madamoiselle, que les sévères lois des homme n'empêchent plus les femmes de s'appliquer aux sciences et disciplines, il me semble que celles qui ont la commodité doivent employer cette honnête liberté, que notre sexe a autrefois tant désirée, à icelles apprendre, et montrer aux hommes le tort qu'ils nous faisaient en nous privant du bien et de l'honneur qui nous en pouvait venir ; et si quelqu'une parvient en tel degré que de pouvoir mettre ses conceptions par écrit, le faire soigneusement et non dédaigner la gloire, et s'en parer plutôt que de chaînes, anneaux et somptueux habits, lesquels ne pouvons vraiment estimer nôtres que par usage. Mais l'honneur que la science nous procurera sera entièrement nôtre, et ne nous pourra être ôté, ne par finesse de larron, ne force d'ennemis, ne longueur du temps. Si j'eusse été tant favorisée des Cieux, que d'avoir de l'esprit grand assez pour comprendre* ce dont il a eu envie, je servirais en cet endroit plus d'exemple que d'admonition. Mais, ayant passé partie de ma jeunesse à l'exercice de la Musique, et, ce qui m'a resté de temps, l'ayant trouvé court pour la rudesse de mon entendement, et ne pouvant de moi-même satisfaire au bon vouloir que je porte à notre sexe, de le voir non en beauté seulement, mais en science et vertu passer ou

égaler les hommes, je ne puis faire autre chose que prier
les vertueuses Dames d'élever un peu leurs esprits par-
dessus leurs quenouilles et fuseaux, et s'employer à faire
entendre au monde que, si ne nous sommes faites pour
commander, si ne devons-nous être dédaignées pour
compagnes, tant ès affaires domestiques que publiques,
de ceux qui gouvernent et se font obéir. Et, outre la
réputation que notre sexe en recevra, nous aurons valu
au public que les hommes mettront plus de peine et
d'étude aux sciences vertueuses, de peur qu'ils n'aient
honte de voir précéder* celles desquelles ils ont préten-
du être toujours supérieurs quasi en tout. Pour ce nous
faut-il animer l'une l'autre à si louable entreprise, de
laquelle ne devez éloigner ni épargner votre esprit, jà de
plusieurs et diverses grâces accompagné, ni votre jeunes-
se et autres faveurs de fortune, pour acquérir cet hon-
neur que les lettres et sciences ont accoutumé porter aux
personnes qui les suivent. S'il y a quelque chose recom-
mandable après la gloire et l'honneur, le plaisir que
l'étude des lettres a accoutumé donner nous y doit cha-
cune inciter ; qui est autre que les autres récréations des-
quelles, quand on en a pris tant que l'on veut, on ne
peut se vanter d'autre chose, que d'avoir passé le temps.
Mais celle de l'étude laisse un contentement de soi qui
nous demeure plus longuement. Car le passé nous ré-
jouit, et sert plus que le présent ; mais les plaisirs des
sentiments se perdent incontinent et ne reviennent
jamais, et en est la mémoire autant fâcheuse, comme les
actes ont été délectables. Davantage les autres voluptés
sont telles que, quelque souvenir qu'il en vienne, si* ne
nous peut-il remettre en telle disposition que nous
étions ; et quelqu'imagination forte qu'imprimions en la
tête, si* connaissons-nous bien que ce n'est qu'une om-
bre du passé qui nous abuse et trompe. Mais quand il
advient que mettons par écrit nos conceptions, combien
que, puis après, notre cerveau courre par une infinité

d'affaires et incessamment remue, si est-ce que, long-temps après reprenant nos écrits, nous revenons au même point et à la même disposition où nous étions. Lors nous redouble notre aise : car nous retrouvons le plaisir passé qu'avons eu, ou en la matière dont écrivions, ou en l'intelligence des sciences où lors étions adonnés. Et outre ce, le jugement que font nos secondes conceptions des premières nous rend un singulier contentement. Ces deux biens qui proviennent d'écrire vous y doivent inciter, étant assurée que le premier ne faudra* d'accompagner vos écrits, comme il fait tous vos autres actes et façons de vivre. Le second, sera en vous de la prendre ou ne l'avoir point, ainsi que ce dont vous écrirez vous contentera. Quant à moi, tant en écrivant premièrement ces jeunesses qu'en les revoyant depuis, je n'y cherchais autre chose qu'un honnête passe-temps et moyen de fuir oisiveté, et n'avais point intention que personne que moi les dût jamais voir. Mais depuis que quelqu'uns de mes amis ont trouvé moyen de les lire sans que j'en susse rien, et que (ainsi comme aisément nous croyons ceux qui nous louent) ils m'ont fait accroi-re que les devais mettre en lumière, je ne les ai osé écon-duire, les menaçant cependant de leur faire boire la moi-tié de la honte qui en proviendrait. Et pour ce que les femmes ne se montrent volontiers en public seules, je vous ai choisie pour me servir de guide, vous dédiant ce petit œuvre, que ne vous envoie à autre fin que pour vous acertener* du bon vouloir, lequel de long temps je vous porte, et vous inciter et faire venir envie, en voyant ce mien œuvre rude et mal bâti, d'en mettre en lumière un autre qui soit mieux limé et de meilleure grâce.

Dieu vous maintienne en santé.

De Lyon, ce 24 juillet 1555.

Votre humble amie, LOUISE LABÉ.

ÉLÉGIES

I

Au temps qu'Amour, d'hommes et Dieux vainqueur,
Faisait brûler de sa flamme mon cœur,
En embrasant de sa cruelle rage
Mon sang, mes os, mon esprit et courage,
Encore lors je n'avais la puissance
De lamenter ma peine et ma souffrance ;
Encor Phébus, ami des lauriers verts,
N'avait permis que je fisse des vers.
Mais maintenant que sa fureur divine
Remplit d'ardeur ma hardie poitrine,
Chanter me fait, non les bruyants tonnerres
De Jupiter, ou les cruelles guerres
Dont trouble Mars, quand il veut, l'Univers ;
Il m'a donné la lyre, qui les vers
Soulait chanter de l'amour Lesbienne :
Et à ce coup pleurera de la mienne.
Ô doux archet, adoucis-moi la voix,
Qui pourrait fendre et aigrir quelquefois,
En récitant tant d'ennuis et douleurs,
Tant de dépits, fortunes et malheurs.
Trempe l'ardeur dont jadis mon cœur tendre
Fut, en brûlant, demi réduit en cendre.
Je sens déjà un piteux souvenir
Qui me contraint la larme à l'œil venir.
Il m'est avis que je sens les alarmes

Que premiers j'eus d'Amour, je vois les armes
Dont il s'arma en venant m'assaillir.
C'étaient mes yeux, dont tant faisais saillir
De traits à ceux qui trop me regardaient,
Et de mon arc assez ne se gardaient.
Mais ces miens traits, ces miens yeux me défirent,
Et de vengeance être exemple me firent.
Et me moquant, et voyant l'un aimer,
L'autre brûler et d'amour consommer ;
En voyant tant de larmes épandues,
Tant de soupirs et prières perdues,
Je n'aperçus que soudain me vint prendre
Le même mal que je soulais reprendre,
Qui me perça d'une telle furie
Qu'encor n'en suis après long temps guérie ;
Et maintenant me suis encor contrainte
De rafraîchir d'une nouvelle plainte
Mes maux passés. Dames qui les lirez,
De mes regrets avec moi soupirez.
Possible, un jour, je ferai le semblable,
Et aiderai votre voix pitoyable
À vos travaux et peines raconter,
Au temps perdu vainement lamenter.
Quelque rigueur qui loge en votre cœur,
Amour s'en peut un jour rendre vainqueur.
Et plus aurez lui été ennemies,
Pis vous fera, vous sentant asservies.
N'estimez point que l'on doive blâmer
Celles qu'a fait Cupidon enflammer.
Autres que nous, nonobstant leur hautesse,
Ont enduré l'amoureuse rudesse :
Leur cœur hautain, leur beauté, leur lignage,
Ne les ont su préserver du servage
De dur Amour ; les plus nobles esprits
En sont plus fort et plus soudain épris.
Sémiramis, reine tant renommée,

Qui mit en route avecque son armée
Les noirs squadrons des Ethiopiens,
Et, en montrant louable exemple aux siens,
Faisait couler, de son furieux branc*,
Des ennemis les plus braves le sang,
Ayant encor envie de conquerre
Tous ses voisins, ou leur mener la guerre,
Trouva Amour, qui si fort la pressa,
Qu'armes et lois vaincue elle laissa.
Ne méritait sa Royale grandeur
Au moins avoir un moins fâcheux malheur
Qu'aimer son fils ? Reine de Babylone,
Où est ton cœur qui ès combats résonne ?
Qu'est devenu ce fer et cet écu,
Dont tu rendais le plus brave vaincu ?
Où as-tu mis la martiale crête
Qui obombrait le blond or de ta tête ?
Où est l'épée, où est cette cuirasse,
Dont tu rompais des ennemis l'audace ?
Où sont fuis tes coursiers furieux,
Lesquels traînaient ton char victorieux ?
T'a pu si tôt un faible ennemi rompre ?
À pu si tôt ton cœur viril corrompre,
Que le plaisir d'armes plus ne te touche,
Mais seulement languis en une couche ?
Tu as laissé les aigreurs martiales,
Pour recouvrer les douceurs géniales*.
Ainsi Amour de toi t'a étrangée
Qu'on te dirait en une autre changée.
Doncques celui lequel d'Amour éprise
Plaindre me voit, que point il ne méprise
Mon triste deuil : Amour, peut-être, en brief
En son endroit n'apparaîtra moins grief.
Telle j'ai vue, qui avait en jeunesse
Blâmé Amour, après en sa vieillesse
Brûler d'ardeur, et plaindre tendrement

L'âpre rigueur de son tardif tourment.
Alors, de fard et eau continuelle,
Elle essayait se faire venir belle,
Voulant chasser le ridé labourage,
Que l'âge avait gravé sur son visage.
Sur son chef gris elle avait empruntée
Quelque perruque, et assez mal entée ;
Et plus était à son gré bien fardée,
De son Ami moins était regardée :
Lequel, ailleurs fuyant, n'en tenait compte,
Tant lui semblait laide, et avait grand'honte
D'être aimé d'elle. Ainsi la pauvre vieille
Recevait bien pareille pour pareille.
De maints en vain un temps fut réclamée ;
Ores qu'elle aime, elle n'est point aimée.
Ainsi Amour prend son plaisir à faire
Que le veuil d'un soit à l'autre contraire.
Tel n'aime point, qu'une Dame aimera ;
Tel aime aussi, qui aimé ne sera ;
Et entretient, néanmoins, sa puissance
Et sa rigueur d'une vaine espérance.

II

D'un tel vouloir le serf point ne désire
La liberté, ou son port le navire,
Comme j'attends, hélas, de jour en jour,
De toi, Ami, le gracieux retour.
Là j'avais mis le but de ma douleur,
Qui finirait quand j'aurais ce bonheur
De te revoir ; mais de la longue attente,
Hélas, en vain mon désir se lamente.
Cruel, cruel, qui te faisait promettre
Ton bref retour en ta première lettre ?
As-tu si peu de mémoire de moi
Que de m'avoir si tôt rompu la foi ?
Comme oses-tu ainsi abuser celle
Qui de tout temps t'a été si fidèle ?
Or' que tu es auprès de ce rivage
Du Pô cornu*, peut-être ton courage
S'est embrasé d'une nouvelle flamme,
En me changeant pour prendre une autre Dame :
Jà en oubli inconstamment est mise
La loyauté que tu m'avais promise.
S'il est ainsi, et que déjà la foi
Et la bonté se retirent de toi,
Il ne me faut émerveiller si ores
Toute pitié tu as perdue encore.
Ô combien a de pensée et de crainte,

Tout à part soi, l'âme d'Amour atteinte !
Ores je crois, vu notre amour passée,
Qu'impossible est que tu m'aies laissée ;
Et de nouveau ta foi je me fiance,
Et plus qu'humaine estime ta constance.
Tu es, peut-être, en chemin inconnu
Outre ton gré malade retenu.
Je crois que non : car tant suis coutumière
De faire aux Dieux pour ta santé prière
Que plus cruels que tigres ils seraient
Quand maladie ils te prochasseraient,
Bien que ta folle et volage inconstance
Mériterait avoir quelque souffrance.
Telle est ma foi qu'elle pourra suffire
À te garder d'avoir mal et martyre.
Celui qui tient au haut Ciel son Empire
Ne me saurait, ce me semble, dédire ;
Mais, quand mes pleurs et larmes entendrait
Pour toi priant, son ire il retiendrait.
J'ai de tout temps vécu en son service,
Sans me sentir coupable d'autre vice
Que de t'avoir bien souvent en son lieu,
D'amour forcé, adoré comme Dieu.
Déjà deux fois, depuis le promis terme
De ton retour, Phébé ses cornes ferme,
Sans que, de bonne ou mauvaise fortune,
De toi, Ami, j'aye nouvelle aucune.
Si toutefois, pour être enamouré
En autre lieu, tu as tant demeuré,
Si sais-je bien que t'amie nouvelle
À peine aura le renom d'être telle,
Soit en beauté, vertu, grâce et faconde,
Comme plusieurs gens savants par le monde
M'ont fait, à tort, ce crois-je, être estimée.
Mais qui pourra garder la renommée ?
Non seulement en France suis flattée,

Et beaucoup plus que ne veux exaltée,
La terre aussi que Calpe* et Pyrénée
Avec la mer tiennent environnée,
Du large Rhin les roulantes arènes,
Le beau pays auquel or' te promènes,
Ont entendu (tu me l'as fait accroire)
Que gens d'esprit me donnent quelque gloire.
Goûte le bien que tant d'hommes désirent,
Demeure au but où tant d'autres aspirent,
Et crois qu'ailleurs n'en auras une telle.
Je ne dis pas qu'elle ne soit plus belle,
Mais que jamais femme ne t'aimera,
Ne plus que moi d'honneur te portera.
Maints grands Signeurs à mon amour prétendent,
Et à me plaire et servir prêts se rendent ;
Joutes et jeux, maintes belles devises,
En ma faveur sont par eux entreprises :
Et néanmoins, tant peu je m'en soucie
Que seulement ne les en remercie :
Tu es, tout seul, tout mon mal et mon bien ;
Avec toi tout, et sans toi je n'ai rien ;
Et n'ayant rien qui plaise à ma pensée,
De tout plaisir me treuve délaissée,
Et, pour plaisir, ennui saisir me vient.
Le regretter et plorer me convient,
Et sur ce point entre tel déconfort
Que mille fois je souhaite la mort.
Ainsi, Ami, ton absence lointaine
Depuis deux mois me tient en cette peine,
Ne vivant pas, mais mourant d'un amour
Lequel m'occit dix mille fois le jour.
Reviens donc tôt, si tu as quelque envie
De me revoir encore un coup en vie.
Et si la mort avant ton arrivée
À de mon corps l'aimante âme privée,
Au moins un jour viens, habillé de deuil,

Environner le tour de mon cercueil.
Que plût à Dieu que lors fussent trouvés
Ces quatre vers en blanc marbre engravés :

PAR TOI, AMI, TANT VÉQUIS ENFLAMMÉE
QU'EN LANGUISSANT PAR FEU SUIS CONSUMÉE
QUI COUVE ENCOR SOUS MA CENDRE EMBRASÉE,
SI NE LA RENDS DE TES PLEURS APAISÉE.

III

Quand vous lirez, ô Dames Lyonnoises,
Ces miens écrits pleins d'amoureuses noises,
Quand mes regrets, ennuis, dépits et larmes
M'orrez chanter en pitoyables carmes*,
Ne veuillez point condamner ma simplesse,
Et jeune erreur de ma folle jeunesse,
Si c'est erreur. Mais qui dessous les Cieux
Peut se vanter de n'être vicieux ?
L'un n'est content de sa sorte de vie,
Et toujours porte à ses voisins envie ;
L'un, forcenant de voir la paix en terre,
Par tous moyens tâche y mettre la guerre ;
L'autre, croyant pauvreté être vice,
À autre Dieu qu'Or ne fait sacrifice ;
L'autre sa foi parjure il emploiera
À décevoir quelqu'un qui le croira ;
L'un, en mentant, de sa langue lézarde,
Mille brocards sur l'un et l'autre darde.
Je ne suis point sous ces planètes née,
Qui m'eussent pu tant faire infortunée.
Onques ne fut mon œil marri, de voir
Chez mon voisin mieux que chez moi pleuvoir ;
Onq ne mis noise ou discorde entre amis ;
À faire gain jamais ne me soumis ;
Mentir, tromper, et abuser autrui,

Tant m'a déplu, que médire de lui.
Mais, si en moi rien* y a d'imparfait,
Qu'on blâme Amour : c'est lui seul qui l'a fait.
Sur mon vert âge en ses lacs il me prit,
Lorsqu'exerçais mon corps et mon esprit
En mille et mille œuvres ingénieuses,
Qu'en peu de temps me rendit ennuyeuses.
Pour bien savoir avec l'aiguille peindre,
J'eusse entrepris la renommée éteindre
De celle-là* qui, plus docte que sage,
Avec Pallas comparait son ouvrage.
Qui m'eût vue lors en armes fière aller,
Porter la lance et bois faire voler,
Le devoir faire en l'étour* furieux,
Piquer, volter le cheval glorieux,
Pour Bradamante, ou la haute Marphise,
Sœur de Roger*, il m'eût, possible, prise.
Mais quoi ? Amour ne put longuement voir
Mon cœur n'aimant que Mars et le savoir ;
Et, me voulant donner autre souci,
En souriant, il me disait ainsi :
Tu penses donc, ô Lyonnaise Dame,
Pouvoir fuir par ce moyen ma flamme ?
Mais non feras, j'ai subjugué les Dieux
Ès bas Enfers, en la Mer et ès Cieux.
Et penses-tu que n'aye tel pouvoir
Sur les humains, de leur faire savoir
Qu'il n'y a rien qui de ma main échappe ?
Plus fort se pense, et plus tôt je le frappe.
De me blâmer quelquefois tu n'as honte,
En te fiant en Mars, dont tu fais conte ;
Mais maintenant, vois si, pour persister
En le suivant, me pourras résister.
Ainsi parlait, et tout échauffé d'ire,
Hors de sa trousse une sagette il tire,
Et, décochant de son extrême force,

Droit la tira contre ma tendre écorce :
Faible harnais pour bien couvrir le cœur
Contre l'archer qui toujours est vainqueur.
La brèche faite, entre Amour en la place,
Dont le repos premièrement il chasse,
Et, de travail qu'il me donne sans cesse,
Boire, manger et dormir ne me laisse.
Il ne me chaut de soleil ne d'ombrage ;
Je n'ai qu'Amour et feu en mon courage,
Qui me déguise et fait autre paraître,
Tant que ne peux moi-même me connaître.
Je n'avais vu encore seize Hivers,
Lorsque j'entrai en ces ennuis divers ;
Et jà voici le treizième Été
Que mon cœur fut par Amour arrêté.
Le temps met fin aux hautes Pyramides,
Le temps met fin aux fontaines humides :
Il ne pardonne aux braves Colisées,
Il met à fin les villes plus prisées ;
Finir aussi il a accoutumé
Le feu d'Amour, tant soit-il allumé.
Mais, las ! en moi il semble qu'il augmente
Avec le temps, et que plus me tourmente.
Pâris aima Œnoné ardemment,
Mais son amour ne dura longuement ;
Médée* fut aimée de Jason,
Qui tôt après la mit hors sa maison.
Si méritaient-elles être estimées,
Et, pour aimer leurs Amis, être aimées.
S'étant aimé*, on peut Amour laisser,
N'est-il raison, ne l'étant, se lasser ?
N'est-il raison te prier de permettre,
Amour, que puisse à mes tourments fin mettre ?
Ne permets point que de Mort fasse épreuve,
Et plus que toi pitoyable la treuve ;
Mais si tu veux que j'aime jusqu'au bout,

Fais que celui que j'estime mon tout,
Qui seul me peut faire plorer et rire,
Et pour lequel si souvent je soupire,
Sente en ses os, en son sang, en son âme,
Ou plus ardente, ou bien égale flamme.
Alors ton faix plus aisé me sera,
Quand avec moi quelqu'un le portera.

SONNETS

I*

Non havria Ulisse o qualunqu'altro mai
Piu accorto fù, da quel divino aspetto,
Pien di gratie, d'honor et di rispetto,
Sperato qual i sento affanni et guai.

Pur, Amor, co'i begli occhi tu fatt'hai
Tal piaga dentro al mio innocente petto,
Di cibo et di calor già tuo ricetto,
Che rimedio non v'è si tu nol' dai.

O sorte dura, che mi fa esser quale
Punta d'un Scorpio, et domandar riparo
Contr' el velen' dall' istesso animale.

Chieggio ti sol' ancida questa noia,
Non estingua el desir a me si caro,
Che mancar non potria ch'i non mi muoia.

II

Ô beaux yeux bruns, ô regards détournés,
Ô chauds soupirs, ô larmes épandues,
Ô noires nuits vainement attendues,
Ô jours luisants vainement retournés !

Ô tristes plaints, ô désirs obstinés,
Ô temps perdu, ô peines dépendues*,
Ô mille morts en mille rets tendues,
Ô pires maux contre moi destinés !

Ô ris, ô front, cheveux, bras, mains et doigts !
Ô luth plaintif, viole, archet et voix !
Tant de flambeaux pour ardre une femelle !

De toi me plains, que tant de feux portant,
En tant d'endroits d'iceux mon cœur tâtant,
N'en est sur toi volé quelque étincelle.

III

Ô longs désirs, ô espérances vaines,
Tristes soupirs et larmes coutumières
À engendrer de moi maintes rivières,
Dont mes deux yeux sont sources et fontaines !

Ô cruautés, ô durtés inhumaines,
Piteux regards des célestes lumières,
Du cœur transi ô passions premières,
Estimez-vous croître encore mes peines ?

Qu'encor Amour sur moi son arc essaie,
Que nouveaux feux me jette et nouveaux dards,
Qu'il se dépite, et pis qu'il pourra fasse :

Car je suis tant navrée en toutes parts
Que plus en moi une nouvelle plaie,
Pour m'empirer, ne pourrait trouver place.

IV

Depuis qu'Amour cruel empoisonna
Premièrement de son feu ma poitrine,
Toujours brûlai de sa fureur divine,
Qui un seul jour mon cœur n'abandonna.

Quelque travail, dont assez me donna,
Quelque menace et prochaine ruine,
Quelque penser de mort qui tout termine,
De rien mon cœur ardent ne s'étonna.

Tant plus qu'Amour nous vient fort assaillir,
Plus il nous fait nos forces recueillir,
Et toujours frais en ses combats fait être ;

Mais ce n'est pas qu'en rien nous favorise,
Cil qui les Dieux et les hommes méprise,
Mais pour plus fort contre les forts paraître.

V

Claire Vénus, qui erres par les Cieux,
Entends ma voix qui en plaints chantera,
Tant que ta face au haut du Ciel luira,
Son long travail et souci ennuyeux.

Mon œil veillant s'attendrira bien mieux,
Et plus de pleurs te voyant jettera.
Mieux mon lit mol de larmes baignera,
De ses travaux voyant témoins tes yeux.

Donc des humains sont les lassés esprits
De doux repos et de sommeil épris.
J'endure mal tant que le Soleil luit ;

Et quand je suis quasi toute cassée,
Et que me suis mise en mon lit lassée,
Crier me faut mon mal toute la nuit.

VI

Deux ou trois fois bienheureux le retour
De ce clair Astre, et plus heureux encore
Ce que son œil de regarder honore.
Que celle-là recevrait un bon jour,

Qu'elle pourrait se vanter d'un bon tour,
Qui baiserait le plus beau don de Flore*,
Le mieux sentant que jamais vit Aurore,
Et y ferait sur ses lèvres séjour !

C'est à moi seule à qui ce bien est dû,
Pour tant de pleurs et tant de temps perdu ;
Mais, le voyant, tant lui ferai de fête,

Tant emploierai de mes yeux le pouvoir,
Pour dessus lui plus de crédit avoir,
Qu'en peu de temps ferai grande conquête.

VII

On voit mourir toute chose animée
Lors que du corps l'âme subtile part.
Je suis le corps, toi la meilleure part :
Où es-tu donc, ô âme bien-aimée ?

Ne me laissez par si long temps pâmée,
Pour me sauver après viendrais trop tard.
Las ! ne mets point ton corps en ce hasard :
Rends-lui sa part et moitié estimée.

Mais fais, Ami, que ne soit dangereuse
Cette rencontre et revue amoureuse,
L'accompagnant, non de sévérité,

Non de rigueur, mais de grâce amiable,
Qui doucement me rende ta beauté,
Jadis cruelle, à présent favorable.

VIII

Je vis, je meurs ; je me brûle et me noie ;
J'ai chaud extrême en endurant froidure ;
La vie* m'est et trop molle et trop dure ;
J'ai grands ennuis entremêlés de joie.

Tout à un coup je ris et je larmoie,
Et en plaisir maint grief* tourment j'endure ;
Mon bien s'en va, et à jamais il dure ;
Tout en un coup je sèche et je verdoie.

Ainsi Amour inconstamment me mène ;
Et quand je pense avoir plus de douleur,
Sans y penser je me trouve hors de peine.

Puis quand je crois ma joie être certaine
Et être au haut de mon désiré heur,
Il me remet en mon premier malheur.

IX

Tout aussitôt que je commence à prendre
Dans le mol lit le repos désiré,
Mon triste esprit, hors de moi retiré,
S'en va vers toi incontinent se rendre.

Lors m'est avis que dedans mon sein tendre
Je tiens le bien où j'ai tant aspiré,
Et pour lequel j'ai si haut soupiré
Que de sanglots ai souvent cuidé fendre.

Ô doux sommeil, ô nuit à moi heureuse !
Plaisant repos, plein de tranquillité,
Continuez toutes les nuits mon songe ;

Et si jamais ma pauvre âme amoureuse
Ne doit avoir de bien en vérité,
Faites au moins qu'elle en ait en mensonge.

X

Quand j'aperçois ton blond chef, couronné
D'un laurier vert, faire un luth si bien plaindre
Que tu pourrais à te suivre contraindre
Arbres et rocs ; quand je te vois orné,

Et, de vertus dix mille environné,
Au chef d'honneur plus haut que nul atteindre,
Et des plus hauts les louanges éteindre,
Lors dit mon cœur en soi passionné :

Tant de vertus qui te font être aimé,
Qui de chacun te font être estimé,
Ne te pourraient aussi bien faire aimer ?

Et, ajoutant à ta vertu louable
Ce nom encor de m'être pitoyable,
De mon amour doucement t'enflammer ?

XI

Ô doux regards, ô yeux pleins de beauté,
Petits jardins pleins de fleurs amoureuses
Où sont d'Amour les flèches dangereuses,
Tant à vous voir mon œil s'est arrêté !

Ô cœur félon, ô rude cruauté,
Tant tu me tiens de façons rigoureuses,
Tant j'ai coulé de larmes langoureuses,
Sentant l'ardeur de mon cœur tourmenté !

Doncques, mes yeux, tant de plaisir avez,
Tant de bons tours par ces yeux recevez ;
Mais toi, mon cœur, plus les vois s'y complaire,

Plus tu languis, plus en as de souci.
Or devinez si je suis aise aussi,
Sentant mon œil être à mon cœur contraire.

XII*

Luth, compagnon de ma calamité,
De mes soupirs témoin irréprochable,
De mes ennuis contrôleur véritable,
Tu as souvent avec moi lamenté ;

Et tant le pleur piteux t'a molesté
Que, commençant quelque son délectable,
Tu le rendais tout soudain lamentable,
Feignant le ton que plein avais chanté.

Et si tu veux efforcer au contraire,
Tu te détends et si me contrains taire :
Mais me voyant tendrement soupirer,

Donnant faveur à ma tant triste plainte,
En mes ennuis me plaire suis contrainte
Et d'un doux mal douce fin espérer.

XIII

Oh ! si j'étais en ce beau sein ravie
De celui-là pour lequel vais mourant ;
Si avec lui vivre le demeurant
De mes courts jours ne m'empêchait envie ;

Si m'accolant, me disait : Chère Amie,
Contentons-nous l'un l'autre, s'assurant
Que jà tempête, Euripe, ni courant,
Ne nous pourra déjoindre en notre vie ;

Si, de mes bras le tenant accolé,
Comme du lierre est l'arbre encercelé*,
La mort venait, de mon aise envieuse,

Lors que souef* plus il me baiserait,
Et mon esprit sur ses lèvres fuirait,
Bien je mourrais, plus que vivante, heureuse.

XIV

Tant que mes yeux pourront larmes épandre
À l'heur* passé avec toi regretter,
Et qu'aux sanglots et soupirs résister
Pourra ma voix, et un peu faire entendre ;

Tant que ma main pourra les cordes tendre
Du mignard luth, pour tes grâces chanter ;
Tant que l'esprit se voudra contenter
De ne vouloir rien fors que toi comprendre,

Je ne souhaite encore point mourir.
Mais, quand mes yeux je sentirai tarir,
Ma voix cassée, et ma main impuissante,

Et mon esprit en ce mortel séjour
Ne pouvant plus montrer signe d'amante,
Prierai la mort noircir mon plus clair jour.

XV

Pour le retour du Soleil honorer,
Le Zéphir l'air serein lui appareille,
Et du sommeil l'eau et la terre éveille,
Qui les gardait, l'une de murmurer

En doux coulant, l'autre de se parer
De mainte fleur de couleur nonpareille.
Jà les oiseaux ès arbres font merveille,
Et aux passants font l'ennui modérer ;

Les nymphes jà en mille jeux s'ébattent
Au clair de lune, et dansant l'herbe abattent.
Veux-tu, Zéphir, de ton heur me donner,

Et que par toi toute me renouvelle ?
Fais mon Soleil devers moi retourner,
Et tu verras s'il ne me rend plus belle.

XVI

Après qu'un temps la grêle et le tonnerre
Ont le haut mont de Caucase battu,
Le beau jour vient, de lueur revêtu.
Quand Phébus a son cerne fait en terre,

Et l'Océan il regagne à grand'erre* ;
Sa sœur se montre avec son chef pointu.
Quand quelque temps le Parthe a combattu,
Il prend la fuite et son arc il desserre.

Un temps t'ai vu et consolé plaintif,
Et défiant de mon feu peu hâtif ;
Mais maintenant que tu m'as embrasée,

Et suis au point auquel tu me voulais,
Tu as ta flamme en quelque eau arrosée,
Et es plus froid qu'être je ne soulais.

XVII

Je fuis la ville, et temples, et tous lieux
Esquels, prenant plaisir à t'ouïr plaindre,
Tu pus, et non sans force, me contraindre
De te donner ce qu'estimais le mieux.

Masques, tournois, jeux me sont ennuyeux,
Et rien sans toi de beau ne me puis peindre ;
Tant que, tâchant à ce désir éteindre,
Et un nouvel objet faire à mes yeux,

Et des pensers amoureux me distraire,
Des bois épais suis le plus solitaire.
Mais j'aperçois, ayant erré maint tour,

Que si je veux de toi être délivre,
Il me convient hors de moi-même vivre ;
Ou fais encor que loin sois en séjour.

XVIII

Baise m'encor, rebaise-moi et baise ;
Donne m'en un de tes plus savoureux,
Donne m'en un de tes plus amoureux :
Je t'en rendrai quatre plus chauds que braise.

Las ! te plains-tu ? Çà, que ce mal j'apaise,
En t'en donnant dix autres doucereux.
Ainsi, mêlant nos baisers tant heureux,
Jouissons-nous l'un de l'autre à notre aise.

Lors double vie à chacun en suivra.
Chacun en soi et son ami vivra.
Permets m'Amour penser quelque folie :

Toujours suis mal, vivant discrètement,
Et ne me puis donner contentement
Si hors de moi ne fais quelque saillie.

XIX

Diane étant en l'épaisseur d'un bois,
Après avoir mainte bête assénée,
Prenait le frais, de Nymphes couronnée.
J'allais rêvant, comme fais mainte fois,

Sans y penser, quand j'ouïs une voix
Qui m'appela, disant : Nymphe étonnée,
Que ne t'es-tu vers Diane tournée ?
Et, me voyant sans arc et sans carquois :

Qu'as-tu trouvé, ô compagne, en ta voie,
Qui de ton arc et flèches ait fait proie ?
— Je m'animai, réponds-je, à un passant,

Et lui jetai en vain toutes mes flèches
Et l'arc après ; mais lui, les ramassant
Et les tirant, me fit cent et cent brèches.

XX

Prédit me fut que devait* fermement
Un jour aimer celui dont la figure
Me fut décrite ; et sans autre peinture
Le reconnus quand vis premièrement.

Puis le voyant aimer fatalement,
Pitié je pris de sa triste aventure,
Et tellement je forçai ma nature,
Qu'autant que lui aimai ardentement.

Qui n'eût pensé qu'en faveur devait croître
Ce que le Ciel et destins firent naître ?
Mais quand je vois si nubileux apprêts,

Vents si cruels et tant horrible orage,
Je crois qu'étaient les infernaux arrêts
Qui de si loin m'ourdissaient ce naufrage.

XXI

Quelle grandeur rend l'homme vénérable ?
Quelle grosseur ? quel poil ? quelle couleur ?
Qui est des yeux le plus emmielleur ?
Qui fait plus tôt une plaie incurable ?

Quel chant est plus à l'homme convenable ?
Qui plus pénètre en chantant sa douleur ?
Qui un doux luth fait encore meilleur ?
Quel naturel est le plus amiable ?

Je ne voudrais le dire assurément,
Ayant Amour forcé mon jugement ;
Mais je sais bien, et de tant je m'assure,

Que tout le beau que l'on pourrait choisir,
Et que tout l'art qui aide la Nature,
Ne me sauraient accroître mon désir.

XXII

Luisant Soleil, que tu es bienheureux
De voir toujours de t'Amie* la face !
Et toi, sa sœur, qu'Endymion embrasse,
Tant te repais de miel amoureux !

Mars voit Vénus ; Mercure aventureux
De Ciel en Ciel, de lieu en lieu se glace ;
Et Jupiter remarque en mainte place
Ses premiers ans plus gais et chaleureux*.

Voilà du Ciel la puissante harmonie,
Qui les esprits divins ensemble lie ;
Mais, s'ils avaient ce qu'ils aiment lointain,

Leur harmonie et ordre irrévocable
Se tournerait en erreur variable,
Et comme moi travailleraient en vain.

XXIII

Las ! que me sert que si parfaitement
Louas jadis et ma tresse dorée,
Et de mes yeux la beauté comparée
À deux Soleils, dont Amour finement

Tira les traits causes de ton tourment ?
Où êtes-vous, pleurs de peu de durée ?
Et mort par qui devait être honorée
Ta ferme amour et itéré serment ?

Doncques c'était le but de ta malice
De m'asservir sous ombre de service ?
Pardonne-moi, Ami, à cette fois,

Étant outrée et de dépit et d'ire ;
Mais je m'assur', quelque part que tu sois,
Qu'autant que moi tu souffres de martyre.

XXIV

Ne reprenez, Dames, si j'ai aimé,
Si j'ai senti mille torches ardentes,
Mille travaux, mille douleurs mordantes,
Si en pleurant j'ai mon temps consumé,

Las ! que mon nom n'en soit par vous blâmé.
Si j'ai failli, les peines sont présentes.
N'aigrissez point leurs pointes violentes ;
Mais estimez qu'Amour, à point nommé,

Sans votre ardeur d'un Vulcan excuser,
Sans la beauté d'Adonis accuser,
Pourra, s'il veut, plus vous rendre amoureuses

En ayant moins que moi d'occasion,
Et plus d'étrange et forte passion.
Et gardez-vous d'être plus malheureuses.

Sonnet attribué à Louise Labé

SONNET DE LA BELLE CORDIÈRE

Las ! cettui jour, pourquoi l'ai-je dû voir,
Puisque ses yeux allaient ardre mon âme ?
Doncques, Amour, faut-il que par ta flamme
Soit transmué notre heur* en désespoir !

Si on savait d'aventure prévoir
Ce que vient lors, plaints, poinctures et blâmes ;
Si fraîche fleur évanouir son bâme
Et que tel jour fait éclore tel soir ;

Si on savait la fatale puissance,
Que vite aurais échappé sa présence !
Sans tarder plus, que vite l'aurais fui !

Las, Las ! que dis-je ? Ô si pouvait renaître
Ce jour tant doux où je le vis paraître,
Oisel léger, comme j'irais à lui !

DOSSIER

LES BLASONS ANATOMIQUES
DU CORPS FÉMININ.

ENSEMBLE LES CONTREBLASONS.
COMPOSÉS PAR
PLUSIEURS POÈTES CONTEMPORAINS.

Blasons

LE FRONT

Front large et haut, front patent et ouvert,
Plat et uni, des beaux cheveux couvert :
Front qui est clair et serein firmament
Du petit monde*, et par son mouvement
Est gouverné le demeurant du corps :
Et à son vueil* sont les membres concors :
Lequel je vois être troublé par nues,
Multipliant ses rides très-menues,
Et du côté qui se présente à l'œil
Semble que là se lève le soleil.
Front élevé sus cette sphère ronde,
Où tout engin* et tout savoir abonde.
Front révéré, Front qui le corps surmonte
Comme celui qui ne craint rien, fors honte.
Front apparent, afin qu'on pût mieux lire
Les lois qu'amour voulut en lui écrire,
Ô front, tu es une table d'attente
Où ma vie est, et ma mort très-patente !

MAURICE SCÈVE

LE SOURCIL

Sourcil tractif en voûte fléchissant
Trop plus qu'ébène, ou jayet* noircissant.
Haut forjeté* pour ombrager les yeux,
Quand ils font signe ou de mort, ou de mieux.
Sourcil qui rend peureux les plus hardis,
Et courageux les plus accouardis.

Sourcil qui fait l'air clair obscur soudain,
Quand il froncit par ire, ou par dédain,
Et puis le rend serein, clair et joyeux
Quand il est doux, plaisant et gracieux.
Sourcil qui chasse et provoque les nues
Selon que sont ses archées* tenues.
Sourcil assis au lieu haut pour enseigne
Par qui le cœur son vouloir nous enseigne,
Nous découvrant sa profonde pensée,
Ou soit de paix, ou de guerre offensée.
Sourcil, non pas sourcil, mais un sous-ciel
Qui est le dixième et superficiel,
Où l'on peut voir deux étoiles ardentes,
Lesquelles sont de son arc dépendantes,
Étincelant plus souvent et plus clair
Qu'en été chaud un bien soudain éclair.
Sourcil qui fait mon espoir prospérer,
Et tout à coup me fait désespérer.
Sourcil sur qui amour prit le pourtrait
Et le patron de son arc, qui attrait
Hommes et Dieux à son obéissance,
Par triste mort ou douce jouissance.
Ô sourcil brun, sous tes noires ténèbres
J'ensevelis en désirs trop funèbres
Ma liberté et ma dolente vie,
Qui doucement par toi me fut ravie.

MAURICE SCÈVE

L'ŒIL

Œil, non pas œil, mais un Soleil doré.
Œil comme Dieu de mes yeux honoré.
Œil qui ferait, de son assiette et taille,
Durer dix ans encor une bataille.
Œil me privant du regard qu'il me doit,
Me voyant mieux que s'il me regardoit.
Œil sans lequel mon corps est inutile.
Œil par lequel mon âme se distille.
Œil, ô mon œil disant : je te vueil bien,
Puis que de toi vient mon mal et mon bien.
Œil bel et net comme ciel azuré.
Œil reposé, constant et assuré.
Œil qui rirait, en me voyant mourir,
Qui pleurerait ne m'osant secourir.
Œil de son fait lui-mêmes ébloui.
Œil qui dirait si sagement : oui.
Mais à qui œil ? À celui que savez.

Qui vous aura ? Vous, celle qui m'avez.
Œil qui pour rendre un cœur de marbre uni
Ne daignerait se montrer qu'à demi.
Œil s'accordant au ris de la fossette
Que fait amour en joue vermeillette.
Œil où mon cœur s'était devant rendu.
Que lui eussiez le logis défendu.
Œil si se veut tenir pensif et coi,
Qui fait sortir de soi je ne sais quoi,
Que l'on voit bien toutefois commander
Aux demandeurs de rien ne demander.
Œil qui me donne en y pensant tant d'aise.
Œil, ô doux œil que si souvent je baise :
Voire mais, œil, j'entends que c'est en songe.
Œil qui ne peut souffrir une mensonge.
Œil qui voit bien qu'à lui me suis voué.
Œil qui ne fut jamais assez loué.
Mais toutefois, pour éviter envie,
Œil doux et beau, le propre de m'amie,
Œil je suis vôtre, et de ce vous assure :
Écoutez-moi, mon œil, je vous conjure,
Par Cupido que vous avez tout nu,
Et par son arc qu'en vous ai reconnu,
Par le plaisir que l'un des miens aurait
Si d'aventure à vous se mesurait :
Par tout mon bien, à l'ouverte fenestre,
Que vous voyez à mon côté senestre,
Par la beauté de celle que savez,
Par le venin que vous me réservez,
Œil, dites-moi ce que vous respondîtes,
Découvrez-moi le signe que me fîtes
Quand on disait que mal serait assis
Le beau maintien de votre esprit rassis,
Hors de la cour s'il était entendu
En autre sens que ne l'avez rendu.
Déclarez-moi, s'il vous plaît, ce langage
Et n'en parlez rien qu'à votre avantage.

ANTOINE HÉROËT

LA LARME

Larme argentine, humide et distillante
Des beaux yeux clairs, descendant coye* et lente
Dessus la face, et de là dans les seins,
Lieux prohibés comme sacrés et saints.
Larme qui est une petite perle
Ronde d'en bas, d'en haut menue et grêle

En aiguisant sa queue un peu tortue
Pour démontrer qu'elle lors s'évertue
Quand par ardeur de deuil, ou de pitié
Elle nous montre en soi quelque amitié,
Car quand le cœur ne se peut décharger
Du deuil qu'il a pour le tôt soulager
Elle est contente issir* hors de son centre,
Où en son lieu joie après douleur entre.
Larme qui peut ire, courroux, dédain,
Pacifier et mitiguer soudain,
Et amollir le cœur des inhumains,
Ce que ne peut faire force de mains.
Humeur piteuse*, humble, douce et bénigne,
De qui le nom tant excellent et digne
Ne se devrait qu'en honneur proférer,
Vu que la mort elle peut différer,
Et prolonger le terme de la vie,
Comme l'on dit au livre d'Isaïe.
Ô liqueur sainte, ô petite larmette,
Digne qu'aux cieux — au plus haut — on te mette,
Qui l'homme à Dieu peut réconcilier,
Quand il se veut par toi humilier.
Larme qui apaise et adoucit les dieux,
Voire éblouit et baigne leurs beaux yeux
Ayant povoir encor sus plus grand chose,
Et si* ne peut la flamme en mon cœur close
Diminuer, et tant soit peu éteindre :
Et toutefois elle pourrait bien teindre
La joue blanche et vermeille de celle
Qui son vouloir jusques ici me cèle.
Ô larme épaisse ou compagne secrète
Qui sais assez comment amour me traite
Sors de mes yeux, non pas à grands pleins seaux,
Mais bien descends à gros bruyants ruisseaux,
Et tellement excite ton povoir
Que par pitié tu puisses émouvoir
Celle qui n'a commisération
De ma tant grande et longue passion.

Maurice Scève

LE NEZ

Ô noble nez, organe odoratif,
Du corps humain membre décoratif,
Te blasonner je ne saurais me taire,
Car sur tous membres es le plus nécessaire :
Pour ce, t'es dû degré superlatif ;

À te louer on dût t'être inventif,
Car en toi gît le miroir de nature,
Le los*, le prix d'humaine pourtraiture,
L'aornement du corps réparatif.
Ton excellence, ta grand' beauté, ta grâce,
T'ont fait loger au milieu de la face ;
Bien t'appartient en lieu tant authentique,
Car ta présence rend la face angélique :
C'est par toi seul que la face reluit,
C'est par toi, Nez, qu'elle a louange et bruit
Par tout le monde, et qu'elle est si plaisante,
À tant chacun tant délectable et gente.
Ô noble nez, seul et souverain bien
Du corps humain, tant que sans toi n'est rien,
Ains* est déforme, hideux, épouvantable,
Et cinq cents fois plus qu'un monstre exécrable,
Nez ennemi d'infecte puanteur,
Grand adversaire de mauvaise senteur,
Rien ne te plaît qui ne soit redolent*,
Tant es gentil, délicat, excellent ;
Nez, douce entrée d'amoureuse pointure,
Nez, des amants la vraye nourriture,
Ô Nez bien fait, Nez reconsolatif,
Nez mignonnet, ô Nez récréatif,
Nez singulier, plaisant et gracieux,
Nez condescent, ô trésor précieux,
Nez, jugement de bon et mauvais vin,
Nez argument du grand pouvoir divin ;
Ô Nez, vrai juge d'imparfait et parfait !
Conclusion : Nez, sans faire grand plaid,
Sur tous membres guidon et capitaine,
De toi seul prend toute beauté mondaine.

J. N. D'ARLES

LA JOUE

Très-belle et amoureuse joue
Sur laquelle mon cœur se joue
Et mes yeux prennent leur repas,
Joue* faite mieux qu'au compas,
Joue blanche, ou bien claire et brune,
Ronde comme un croissant de lune
S'allongeant un peu vers la bouche,
    Qu'il me tarde que ne te touche
Et te mesure avec la mienne,
Laquelle chose en bref advienne,
Ainsi que j'en ai le souhait.

Ô joue gaillarde et dehait*
De qui tout amoureux fait fête
Contemplant ta beaulté parfaite.
    Joue de qui le seul pourtrait
Les plus rusés à soi attrait.
    Joue que nature illumine
D'un peu de couleur purpurine
À mode de fleur de pêcher,
Pour te vendre aux amants plus cher.
    Joue non flétrie ou pendante,
Point grosse, rouge, ou flamboyante,
Ains* tenant le moyen par tout.
    Joue haïssant — aussi — sur tout
D'user sur soi d'aultre peinture
Que de Dieu seul, et de nature.
    Joue ne maigre, ne trop grasse,
Mais replète de bonne grace,
Ne trop pâle, ne noire aussi.
    Joue, tu me mets en souci
Comment je te don'rai louange,
Fors que t'appeler : Joue d'ange,
Joue d'albâtre, ou cristalline,
Joue que le naturel Pline
Ne saurait au vrai blasonner,
Ou Joue que — à bref sermonner —
N'as ne ride, tache ne trace,
Et es le plus beau de la face !

EUSTORG DE BEAULIEU

LA BOUCHE

Bouche belle, Bouche bénigne,
Courtoise, claire, coralline,
Douce, de mine désirable.
Bouche à tous humains admirable,
Bouche, quand premier je te vis,
Je fus sans mentir tout ravi
Sur le doux plaisir et grand aise
Que reçoit l'autre qui te baise :
Mais après que t'ouis parler,
Je pensai entendre par l'air
Les dits de Juno la seconde,
Et de Minerve la faconde :
Parquoi je dis, ô bouche amie,
Bouche à qui tu veux ennemie,
Bouche qui fait vivre ou mourir
Tous ceux qu'elle peut secourir,

Bouche amiable, bouche entière,
Non variable, non légère.
Bouche se mourant d'un baiser,
Pour toute douleur apaiser,
Bouche riant, plaisante bouche,
Qui baille devant qu'on la touche.
Bouche, voudrais-tu emboucher
Celui qui voudrait te boucher ?
Bouche où gît le mien repos,
Bouche pleine de bon propos,
Bouche seule d'où doit sortir
Ce qui peut mon feu amortir.
Bouche rondelette et faitisse*,
Bouche à bien parler tant propice
Que plus on t'oit, plus on te veut,
Et moins on t'a, plus on s'en deult*,
Ne souffre point que ta beauté
Dédaigne ma grand loyauté.
Mais, ô Bouche heureuse et honnête,
Ci reçois, entends ma requête.
Bouche vermeille, Bouche ronde,
Bouche au dire et faire faconde
Autant, ou plus, qu'autre qui vive.
Bouche digne, de grâce vive,
Bouche garnie par dedans
De deux râteaux de blanches dents.
Bouche sans nulle tache noire,
Blanche, dis-je, plus que l'ivoire,
Bouche à qui fus autant fidèle
Comme elle est amiable et belle,
Bouche où n'y a chose à redire,
Sinon d'accorder, et me dire :
Ami, je suis Bouche pour toi,
Puis que tu as le cœur pour moi :
Et veuil, pour ton mal apaiser,
Que de moi sentes un baiser.
Dis Bouche, Bouche, en me baisant
Ce que tu dis en te taisant,
Lors aurai le bien que mérite
Le mal que pour moi me hérite*
En esprit, en âme et en corps
Sans tel espoir : si saurai lors,
Ô Bouche à bien parler propice,
Que mieux encor fais l'autre office,
Donnant en fin le demourant
Qu'on ne prend jamais qu'en mourant.

VICTOR BRODEAU

LA DENT

Dent, qui te montres en riant
Comme un diamant d'Orient,
Dent précieuse et déliée,
Que nature a si bien liée
En celui ordre où tu reposes
Qu'on ne peut voir plus belle chose,
Dent blanche comme cristal, voire
Ainsi que neige, ou blanc ivoire,
Dent qui sent bon comme fait baume,
Dont la beauté vaut un royaume,
Dent qui fait une bouche telle
Comme fait une perle belle,
Un bien fin or bouté en œuvre,
Dent qui souvent cache et découvre
Cette baulièvre* purpurine,
Tu fais la reste être divine
Quand on te voit à découvert.
Mais, Dent, quand ton prix est couvert,
Le demourant moins beau ressemble,
Car son honneur est, ce me semble,
Luisant ainsi que perle nette,
Qui reluis comme une Planète
Encores plus fort que la Lune.
En tout le monde n'en est une
Qui soit si parfaite que toi.
Je te promets, quand je te vois
Comme au premier que je te vis,
Je suis tout transi et ravi :
Et cuide au vrai, te regardant,
Que ce soit un Soleil ardent
Qui se découvre des nuées.
De laudeur* qui belle dent rache,
Garde-toi bien qu'on ne t'arrache,
Car pour vrai, qui t'arracherait,
Plusieurs et moi il fâcherait,
Pourtant que* l'arracheur méchant
Arracherait en t'arrachant
La beauté de toute la face,
Qui n'a sans toi aucune grâce.

L'Esclave Fortuné
(Michel d'Amboise, dit —)

LE SOUPIR

Quand je contemple à part moi la beauté
Qui cèle en soi si grande cruauté,
Je ne puis lors bonnement non me plaindre,
Et par soupirs accumulés éteindre
Ce peu de vie, et presque tirer hors
L'âme gisant en ce malheureux corps,
Comme par ceux qui du centre procèdent,
Où mes torments tous autres maux excèdent.
Donc, ô Soupirs, vous savez mes secrets,
Et découvrez mes douloureux regrets,
Quand vous sortez sanglantissants du cœur
Jusque à la bouche éteinte par langueur :
Où allez-vous, Soupirs, quand vous sortez
Si vainement que rien ne rapportez
Fors un désir de toujours soupirer,
Dont le poumon ne peut plus respirer ?
Soupirs épars, qui tant épais se hâtent
Que pour sortir en la bouche ils se battent,
Ne plus ne moins, qu'en étroite fornaise
L'on voit la flamme issir* mal à son aise.
Soupirs soudains et vistes* et légers,
Soupirs qui sont déloyaux messagers.
Ha ! qu'ai-je dit ? déloyaux, mais fidèles,
S'entretenant par distinctes cordelles,
À celle fin que point ne m'abandonnent :
Et que toujours soulagement me donnent.
Soupirs menus qui êtes ma maignie*,
Et me tenez loyale compaignie
Les longues nuits, au lit de mes douleurs
Qui est coupable, et recéleur de pleurs,
Lesquels je mêle avec très-piteux plaints,
Lors qu'à vous seuls tristement je me plains.
Soupirs secrets servant de procureur
Quand, pour juger ignorance ou erreur,
Ils vont pour moi vers celle comparaître
Où je ne puis — au moins à présence — être.
Que dira l'on de vous, soupirs épais,
Qui ne povez dehors sortir en paix,
Levant aux cieux votre longue traînée ?
Alors qu'on voit fumer la cheminée,
L'on peut juger par signes évidents
Qu'il y a feu qui couve là-dedans ;
Et quand souvent je sangloutte, et soupire,
Que dans mon corps le feu croît et empire.

Soupirs qui sont le souef* et doux vent,
Qui vont la flamme en mon cœur émouvant.
Ô toi, Soupir, seul soulas* de ma vie,
Qui sors du sein de ma doucette amie,
Dis-moi que fait ce mien cœur trop osé :
Je crois qu'il s'est en tel lieu composé
Qu'amour piteux* si haut bien lui procure
Qu'il n'aura plus de moi souci ne cure.

MAURICE SCÈVE

LA GORGE

Le haut plasmateur* de ce corps admirable,
L'ayant formé en membres variable,
Mit la beauté en lieu plus éminent,
Mais, pour non clore icelle incontinent
Ou finir toute en si petite espace,
Continua la beauté de la face
Par une gorge ivoirine et très-blanche,
Ronde et unie en forme d'une branche,
Ou d'un pilier qui soutient ce spectacle,
Qui est d'amour le très-certain oracle,
Là où j'ai fait par grand'dévotion
Maint sacrifice, et mainte oblation
De ce mien cœur, qui ard* sur son autel
En feu qui est à jamais immortel :
Lequel j'arouse et asperge de pleurs
Pour eau benoîte*, et pour roses et fleurs
Je vais semant gémissements et plaints,
De chants mortels environnés et pleins :
En lieu d'encens, de soupirs perfumés,
Chauds et ardents pour en être allumés :
Doncques, ô Gorge en qui gît ma pensée,
Dès le menton justement commencée,
Tu t'élargis en un blanc estomac,
Qu'est l'échiquier qui fait échec et mat
Non seulement les hommes, mais les Dieux,
Qui dessus toi jouent de leurs beaux yeux.
Gorge qui sers à ma dame d'écu,
Par qui amour plusieurs fois fut vaincu :
Car onc ne sut tirer tant fort et roide
Qu'il ait mué de sa volonté froide :
Pour non pouvoir pénétrer jusque au cœur
Qui lui résiste et demeure vainqueur.
Gorge de qui amour fit un pupitre,
Où plusieurs fois Vénus chante l'épître,
Qui les amants échauffe à grand désir

De parvenir au souhaité plaisir :
Gorge qui est un armaire* sacré
À chasteté déesse consacré,
Dedans lequel la pensée publique
De ma maîtresse est close pour relique.
Gorge qui peut divertir la sentence
Des juges pleins d'assurée constance,
Jusqu'à ployer leur sévère doctrine,
Lorsque Phirnès* découvrit sa poitrine.
Reliquiaire, et lieu très-précieux,
En qui Amour, ce Dieu saint, glorieux,
Révéremment et dignement repose :
Lequel souvent baisasse, mais je n'ose,
Me connaissant indigne d'approcher
Chose tant sainte, et moins de la toucher :
Mais me suffit que de loin je contemple
Si grand'beauté, qu'est félicité ample.
Ô belle Gorge, Ô précieuse image
Devant laquelle ai mis pour témoignage
De mes travaux cette dépouille mienne,
Qui me resta depuis ma plaie ancienne :
Et devant toi pendue demourra
Jusques à tant que ma dame mourra.

MAURICE SCÈVE

LE TÉTIN

Tétin refait*, plus blanc qu'un œuf,
Tétin de satin blanc tout neuf,
Tétin qui fais honte à la Rose,
Tétin plus beau que nulle chose
Tétin dur, non pas Tétin, voire,
Mais petite boule d'Ivoire,
Au milieu duquel est assise
Une Fraise, ou une Cerise
Que nul ne voit, ne touche aussi,
Mais je gage qu'il est ainsi :
Tétin donc au petit bout rouge,
Tétin qui jamais ne se bouge,
Soit pour venir, soit pour aller,
Soit pour courir, soit pour baller ;
Tétin gauche, Tétin mignon,
Toujours loin de son compagnon,
Tétin qui portes témoignage
Du demourant du personnage,
Quand on te voit, il vient à maints
Une envie dedans les mains

De te tâter, de te tenir :
Mais il se faut bien contenir
D'en approcher, bon gré ma vie,
Car il viendrait une autre envie.
    Ô Tétin, ne grand, ne petit,
Tétin mûr, Tétin d'appétit,
Tétin qui nuit et jour criez :
Mariez-moi tôt, mariez !
Tétin qui t'enfles, et repousses
Ton gorgias* de deux bons pouces,
À bon droit heureux on dira
Celui qui de lait t'emplira,
Faisant d'un Tétin de pucelle,
Tétin de femme entière et belle.

Clément Marot

LE CŒUR

Cœur, noble cœur, cœur bien assis,
Cœur ferme et constant et rassis,
Cœur tel que je voudrais choisir,
Cœur joyeux, cœur de grand plaisir,
Cœur abandonné, cœur ouvert,
Cœur qui se montre à découvert,
Cœur qui point de venin ne porte,
Cœur féal, cœur de bonne sorte,
Cœur d'aussi grande loyauté
Que ce corps est de grand'beauté,
Cœur entier, cœur qui ne te peux
Jamais laisser partir* en deux !
Petit cœur gentil, cœur riant,
Petit morceau de chair friant !
Petit en petit corps compris,
Mais de grand et excellent prix.
Cœur bénin, cœur courtois, cœur doux,
Cœur qui ne peut souffrir courroux,
Cœur gai, cœur joli, cœur parfait,
Cœur qui n'est d'aucun vice infait*,
Cœur net, cœur sans aucune tache,
Cœur qui rien ne cèle, ne cache,
De ce qui doit être montré :
Ô que tu as bien rencontré,
Mon cœur, d'avoir son alliance !
C'est un cœur qui n'a oubliance
Du plaisir qu'on tâche lui faire,
C'est un cœur de si bonne affaire
Que, quand il a moyen d'aider,

Il ne lui faut point demander ;
C'est un cœur qui a ce crédit
Que ce qu'il veut est fait et dit.
C'est un cœur qui seul a puissance
De me faire avoir jouissance,
C'est un cœur, quand tout est dit, tel
Qu'il semble n'être point mortel.
C'est un cœur sans qui le mien corps
Fût jà mis au monde des morts ;
C'est un cœur divin en ses faits ;
C'est un cœur de si grands effets
Que nous n'y saurions rien entendre ;
C'est un cœur qui fait entreprendre
Choses qui semblent impossibles :
C'est un cœur qui les invisibles
Nous fait passer devant les yeux,
Et fait toujours de mieux en mieux.
C'est un cœur qui se fait connaître
Sans en évidence se mettre ;
C'est un cœur qui tout sait et voit,
C'est un cœur qui de loin prévoit
Les choses qui sont à venir.
C'est un cœur qui fait maintenir
Le corps en sa force et puissance,
Qui vit sous son obéissance.
C'est un cœur, sans le plus louer,
À qui seul je me veux vouer.
C'est un cœur plein d'honnêteté,
Cœur toujours tel qu'il a été ;
C'est un cœur de grâce vêtu,
C'est un cœur d'honneur revêtu ;
C'est un cœur qui rend bien heureux
Celui dont il est amoureux :
C'est lui sans qui l'œil ne peut voir,
C'est lui qui fait la main mouvoir,
C'est lui qui fait courir, aller,
Et qui fait la bouche parler ;
C'est lui qui donne la couleur
Au visage par la chaleur ;
C'est lui qui fait l'oreille ouïr,
C'est lui qui fait tout réjouir ;
C'est lui qui permet que l'on puisse
Tâter le tétin et la cuisse ;
C'est celui qui a le pouvoir
De faire le surplus avoir.
Bref c'est celui qui guide et range,
Et qui mérite leur louange.
C'est un cœur, donc, de tout vainqueur,
C'est un cœur, non pas un vain cœur,

D'aucune faute convaincu,
Mais un cœur qui a bien vécu,
Et qui donne à ce mien corps vie
Qui perdra avant qu'il dévie.
Par quoi, mon cœur, en étant sien,
Tu me feras demeurer tien.
Mais si sans lui tu demeurais,
Sans lui et sans toi tu serais.
Ainsi, mon cœur, il lui faut dire :
Cœur qui nous peut vie interdire,
Et qui la peut continuer,
Augmenter ou diminuer,
Cœur, corps et esprit on te livre,
Pour toujours avecques toi vivre.

Albert le Grand
(Pseudonyme indéchiffré)

LA MAIN

Ô douce Main, Main belle, Main polie,
Main qui les cœurs fait lier et délie,
Main qui le mien a pris sans y toucher,
Main qui embrasse, et semond* d'approcher,
Main qui à moi doit ouvrir, ô Main forte,
Qui fors à moi, à tous ferme la porte.
Main qui souvent, en étreignant le doigt,
Sans dire mot m'a dit je sais bien quoi
Main qui la trousse et flèche, sans douter*,
À Cupido seule pourrais ôter :
Dis-je la main que Cupido ferait
Mouvoir d'amour quand il la toucherait.
Main qui peut seule et le soir et matin
Laisser la mienne approcher du tétin.
Main qui permet, s'il est besoin, qu'on puisse
En se jouant savoir quelle est la cuisse ;
Main qui permet parfois outre passer,
Mais ce serait assez pour trépasser.
Main qui peut bien faire encore autre chose,
Qui plaît autant, mais que dire je n'ose.
Main à qui seule appartient qu'elle sache
Ce qu'on ne voit, ce qu'on cerche, et qu'on cache.
Main qui peut mieux par écrit assurer
Que l'œil par voir, et bouche pour jurer.
Ô digne Main qui jusque au ciel approche,
Main qui fait honte à la neige et reproche,
Main qui étreint le nœud de fermeté,
Main qui chatouille en toute honnêteté,

Main que Vénus veut pour sienne avouer.
Main qui du luth doucement sais jouer,
Main quand Orpheus même l'écouterait
Comme vaincu la harpe laisserait,
Main que Pallas choisirait pour écrire,
Main qui autant que la bouche peux dire,
Main qui trop plus d'heur envoie en absence
Que l'œil n'en peut octroyer en présence.
Main frétillante, ôtez vos gants, ôtez.
Et vos plaisirs par vos doigts me comptez :
J'entends ceux-là dont faut que sois tesmoin ;
Et quand de toi, hélas ! je serais loin ;
Main je te prie : fais réponse à la mienne,
Main, récris-moi que soudain je revienne.

CLAUDE CHAPPUYS

LE VENTRE

Ô ventre rond, ventre joli,
Ventre sur tous le mieux poli,
Ventre plus blanc que n'est albâtre,
Ventre en été plus froid que plâtre,
Dont le toucher rend la main froide,
Et je ne sais quoi chaud et roide.
Ventre qui est plein de bon heur,
Ventre où tous membres font honneur,
Ventre qui sais l'homme contraindre
À demander, ou fort se plaindre.
Ventre qui bien sais en tous temps
L'homme attirer où tu prétends,
Et qui si beau te vois vêtu
Peut bien juger que tu es* nu.
Donc celui bien heureux serait,
Qui ventre nu te tâterait.
Encore plus heureux sera,
Qui dessus toi reposera.
Ventre qui as bas la fontaine
Pour recréer nature humaine.
Ventre, nul est qui le te nie,
Qu'en toi ne soit le fruit de vie.
Ô ventre habile à recevoir
Cela de quoi peux concevoir.
Ventre qui en donnes et prends,
Et qui te donne, tu lui rends
Ventre qui es si digne chose,
Que dedans toi l'enfant repose.
Membre sujet, plus que trestous*,

À soutenir de rudes coups.
Ventre, c'est toi avec ta suite,
Dont un chacun fait grand poursuite :
Car si, en prenant ses ébats,
La main te touche haut et bas
D'ancien ami soit ou nouveau
Il a plus grand'part au gâteau.
Ventre élevé sur deux colonnes
De marbre blanc, grosses et bonnes,
Bien dignes d'un tel lieu tenir,
Et si noble faix soutenir.
Ô ventre assis au droit milieu,
Qu'est estimé le meilleur lieu,
Ventre, qui voit ton beau maintien,
C'est grand cas s'il ne se rend tien.
Ventre élevé, qui par dehors
Si bien troussé montre le corps.
Ventre clapier, sans nulle ordure,
Où le connil* fait sa demeure.
Ventre sans ride et sans macule,
Ventre qui jamais ne recule,
Pour coup d'estoc, ou bien de taille,
En escarmouche ou en bataille.
Ventre gracieux au tâter,
Et encor plus à l'accointer.
Les membres du corps ne déprise,
Mais sur tous autres je te prise :
À l'œil, au nez point je ne touche,
Au tétin rond ni à la bouche :
Le cœur sert fort, aussi l'oreille,
Mais cela point ne me réveille.
Le poil doré, cela m'est peu,
Mais que de ton bien sois repeu*.
Quand tout est dit, tout leur affaire
Ne gît en rien qu'à te complaire.
Parquoi c'est toi à qui me voue,
Et que sur tous j'estime et loue.

Anonyme

LE CON DE LA PUCELLE

Con, non pas con, mais petit sadinet*,
Con, mon plaisir, mon gentil jardinet,
Où ne fut onc planté arbre ne souche,
Con joli, Con à la vermeille bouche,
Con, mon mignon, ma petite fossette,
Con rebondi en forme de bossette,

Con revêtu d'une riche toison
De fin poil d'or en sa vraie saison,
Con qui tant a de force et de puissance,
Con qui seul peut bailler la jouissance,
Con qui la main trop paresseuse et lente
Rend quand il veut hardie et diligente,
Con qui commande à l'œil de faire signe
À cil qu'il tient de l'amour le plus digne,
Et qui ordonne à la bouche parler
De tout plaisir, et ennui ravaler ;
Con, tu as bien la force et le pouvoir
Un Tétin ferme ébranler et mouvoir ;
Con, tu n'es point de ces Cons furieux,
Qui n'as senti cette douce bataille.
Con, il n'est point autre Con qui te vaille,
Con haut monté sur les cuisses tant fermes,
Qui fais rempart aux assauts et alarmes.
Tout ce qu'on fait, qu'on dit ou qu'on procure*,
Tout ce qu'on veut, qu'on promet, qu'on assure,
C'est pour le Con tant digne décorer ;
Chacun te vient à genoux adorer !
Ô Con, beau Con, petit morceau friand,
Con qui rendrait un demi-mort riant,
Je laisse à ceux qui désirent la main,
La leur qui tend plus haut hui* que demain,
Et à ceux-là qui sont contents* de voir ;
C'est un grand bien que ne désire avoir ;
Et le baiser je leur délaisse aussi,
Et suis content de demourer ici,
Près de toi, Con, à te faire service,
Comme celui qui m'est le plus propice.

ANONYME

LE CUL

Sans déroger aux premiers Blasonneurs
Du trou du Cul, et sauves leurs honneurs,
Et de tous ceux qui ont savoir condigne
Pour blasonner une chose tant digne,
Je derechef lui don'rai un Blason
Car sa louange est toujours de saison.
    Et, tout premier, dis que, sans menterie,
Le cul au corps a haute seigneurie ;
Et qu'ainsi soit, la force de son sens
Vient parforcer tous les autres cinq sens
À consentir aux sentences mucées*
Dans son cerveau, puis par lui prononcées
Si justement qu'on n'en peut appeler,

Ne contre lui, fors en vain, rebeller.
　　Puis les cheveux, front, sourcils, yeux et bouche
Sont amortis quand la mort le cul bouche,
Si sont* tétins, nez, joues, et menton,
Gorge, estomac, ventre, cuisses, et con,
Jambes, et bras, pieds, mains, aussi oreilles,
Cols blancs et droits, et corps faits pour merveilles.
　　Mais on peut bien perdre un œil, ou tous deux,
La jambe, un bras, le nez, ou les cheveux
Que pour cela monsieur le cul, derrière,
N'en mourra point, ne fera pire chère.
　　Donc, il n'est rien en tout le corps humain
Que, si le cul ne lui tient forte main,
Puisse échapper que ne perde la vie
Ou, pour le moins, ne tombe en maladie.
　　Et si d'icelle attend la guérison,
Faut que le cul en fasse la raison
En lui donnant force suppositoires,
Poudres, senteurs, doux huiles, et clystères
Pour l'apaiser, voire jusques à tant
Qu'il crachera le mal au corps latent.
　　Ô doncques, cul, de santé le vrai signe
Où maint docteur, en l'art de médecine,
Prend son avis et visite ton fait,
Sans toi n'est corps qui ne soit imparfait.
　　Et outre plus n'est requis que je taise
Comment tout prince, et grand seigneur, te baise
Au départir du ventre maternel,
Qui est à toi un los* bien solennel,
Car ce tribut te doit tout fils de mère
Soit pauvre ou riche, aussi nul n'y diffère.
　　Et s'aucun dit que tu es sale, et ord*
Et inutile, il te blasonne à tort,
Car j'ai raison pour toi tout au contraire
Dieu sait de qui ! et voici l'exemplaire :
　　Ne lit-on pas aux livres anciens
Ce qu'un grand clerc* mande aux Corinthiens ?
Ne sais si c'est en l'épître première...
Si l'aille voir qui ne te prise guère
Et revenons au cul en joie et ris.
　　Ô donc gros cul à façon de Paris,
Cul qu'en allant te dégoises et branles,
Comme en dansant basses danses, ou branles
Pour démontrer — si bien ta geste on lit —
Que tu ferais bien branler un chalit
　　Cul qu'à ta garde as dix ou douze armures
De linge, toile, en drap, soie, ou doublures,
Outre le beau, frisque*, et gaillard derrier,
Mais de surcroît, pour être plus gorrier*.

Cul enlevé trop mieux qu'une coquille,
Ô cul de femme ! Ô cul de belle fille !
Cul rondelet, cul proportionné,
De poil frisé pour haie environné
Où tu te tiens toujours la bouche close,
Fors quand tu vois qu'il faut faire autre chose.
Cul bien froncé, cul bien rond, cul mignon,
Qui fais heurter souvent ton compagnon
Et tressaillir, quand s'amie on embrasse
Pour accomplir le jeu de meilleur grâce.
Cul rembourré comme un beau carrelet*,
Qui prends les gens plus au nez qu'au collet.
Cul préféré à chacun autre membre,
Qui le premier couche au lit de sa chambre
Et le dernier en sort gai et léger,
Comme de table à l'heure de manger.
Cul anobli, et à qui fait hommage
La blanche main, voire tête et corsage
S'enclinant bas pour te pouvoir toucher
Et tous les jours révéremment torcher.
Et, qui plus est, ce temps, chacun s'essaye
De te vêtir de drap dor, et de soye
Et peut-on voir maints braves testonnés*
Qui ont leurs bas de chausse, et leurs bonnets,
Robe et pourpoint de draps de moindre enchère
Que n'est leur haut-de-chausse et leur derrière.
Ô puissant cul, que tu es à douter*,
Car tu fais seul par ta force arrêter
Où il te plaît, seigneurs, serfs, fols et sages
Dont les uns ont pour te moucher des pages.
Qu'il soit ainsi : par toi jadis on vit
Le Roy Saül, qui poursuivait David*,
Si très-forcé, qu'à David se vint rendre
Sans y penser, lequel ne le vint prendre
Ni ne l'occit, quoiqu'il l'eût en sa main,
Plus aimant paix, qu'épandre sang humain.
Cul imprenable, assis mieux que sur roche
Entre deux monts, où ennemi n'approche
Qui tôt ne soit en la male heure houssé*,
Et par ta force et canons repoussé.
Dirai-je rien de ta grande franchise ?
Las, si ferai ! car tu peux dans l'église —
À un besoin — soupirer et péter
Quoique le nez s'en veuille dépiter
Et qu'on te dît que tu es sacrilège,
Qui est à toi un très-beau privilège.
Cul désiré d'être souvent baisé
De maint amant de sa dame abusé
S'elle voulait moyennant telle offrande

Lui octroyer ton prochain qu'il demande.
　　Je dis encor, ô cul de grand'valeur,
Que ton teint fait de brunette couleur
Ne changera tant que seras en règne,
Et le teint blanc qu'aux autres membres règne
Par cours de temps peu à peu viendra laid.
　　Ô doncques cul, réjouis-toi seulet
Puis que tu as tant de vertu et grâce
Que tout beau teint, fors que le tien, s'efface
Et, advenant qu'il se pût effacer,
Mieux que d'un autre on se pourrait passer.
　　Et, pour renfort de ta louange écrire,
Dis que tu tiens de tous membres l'empire,
Pource que peux leurs beautés disposer
Ou leur laisser, ou leur faire poser :
C'est quand tu es aux œuvres naturelles
Prompt et hardi, ou quand te fâches d'elles,
Et de toi pend leur joie, ou leur tristesse.
　　Ô cul vaillant et rempli de prouesse,
Combien heureux sont — donc — les membres tous
Tant que tu as la foire, ou bien la toux ?
Car, ce pendant, la crainte ne les mord
D'être mordus, en chiant, de la mort.
　　Confessent donc que sans tes bénéfices
Ils n'ont beauté, teint, plaisirs ne délices.

EUSTORG DE BEAULIEU

LA CUISSE

Cuisse où j'ai long temps prétendu,
Plus ferme qu'un fort arc tendu,
Cuisse plus dure que le marbre,
Le soutien et le gros de l'arbre,
Cuisse sans qu'a, cuisse sans si,
Qui porte fleur, et fruit aussi,
Cuisse qui soutiens la pelote —
Je n'oserais dire la motte —
Qui par nature est décorée
D'autre toison que la dorée :
Ce n'est or, veloux, ne satin,
Mais d'un petit poil argentin
Plus délié que fine soie.
Cuisse mon bien, cuisse ma joie,
Cuisse qui sert de boullevert*
Au pertuis si très peu couvert
Qu'on n'y pourrait avoir choisi
Qu'un bord de satin cramoisi.

Cuisse parfaitement taillée,
D'un fin émail blanc émaillée.
Cuisse qui n'a ride ne fronce,
Mais bien convoiteuse semonce,
Qui vient saisir le poursuivant
De mettre la main plus avant.
Cuisse qui as la chaleur telle
Qu'à y toucher chose est mortelle,
Mortelle, qui jusqu'à mort dure.
Cuisse plus forte et trop plus dure
Que l'aimant qui le fer attire :
Car tu trais* et l'on ne retire
Sa main de toi sans maladie
D'y penser. Cuisse rebondie,
Cuisse refaite* et bien planière,
Cuisse qui n'est point héronnière,
Cuisse friande et cuisse ronde,
Cuisse la plus belle du monde,
Cuisse qui fais l'œil émouvoir,
Cuisse qui fais Tétin mouvoir,
Cuisse qui fais parler la bouche,
Un temps avant que l'on te touche,
Cuisse qui fais la main servir,
Cuisse qui te fais poursuivir.
Cuisse qui tout le corps supporte,
Cuisse qui garde et tient la porte
Au fort château de jouissance.
Cuisse qui as bien la puissance
De faire tendre et débander
Et incontinent rebander.
Cuisse qui fais fait et défait,
Cuisse sans qui nul bien n'est fait.
Cuisse de qui le souvenir
Me fait souvent le goût venir,
Mille ennuis et mille plaisirs,
Pour cent ébats, cent déplaisirs.
Cuisse en beauté la plus féconde,
Cuisse qui n'a point de seconde,
Cuisse de belle créature,
Cuisse, chef d'œuvre de nature.

JACQUES LE LIEUR

LE GENOU

Genoil* sans os, genoil plus mol que pâte,
Genoil qui fais penser à qui te tâte,
Tout embonpoint qui près de toi repose.

Genoil, par qui le reste se dispose,
Genoil qui es gracieux à toucher
Et doucement convies d'approcher,
Genoil qui es gardien de la porte
Du lieu qui est la partie plus forte,
Genoil qui rends, ta rigueur oubliant,
La révérence au Genoil suppliant,
Quand l'humble ami par ta douce accointance
Fais parvenir au bien de jouissance.
Traite-moi bien, ô Genoil gracieux,
Et donne-moi ce bien tant précieux,
Ou autrement de toi me pourrai plaindre :
Car je peux bien jusqu'au Tétin atteindre,
L'oreille entend mon affaire conter,
L'esprit me veut, et le cœur, contenter ;
L'œil m'a servi souvent d'heureux message
Et m'a porté du bon cœur témoignage ;
La Bouche m'a de mes ennuis passés
Tant allégé que j'ai dit : c'est assez ;
La main m'a tant honoré et prisé
Que dire peux : je suis favorisé.
C'est doncques toi en qui est le pouvoir
De ce qui reste, et plus désire avoir.
Dont te supplie que ne me veuilles être
Trop rigoureux, mais me veuilles connaître
Pour ton ami, quand près de toi serai,
Te promettant qu'en rien n'offenserai.

LANCELOT CARLE

LE PIED

Pied de façon à la main comparable,
Pied ferme et sûr, en assiette honorable,
Pied qu'on regarde avant cuisse et Tétin,
Pied faisant guet de soir et de matin,
Pied nécessaire avec l'œil pour conduire,
Pied convenable pour à chasse se duire*,
Pied où se voit la grâce et le maintien,
Pied où nature a mis notre soutien,
Pied qui nous sert pour la muraille abattre,
Pied ordonné pour tout le corps ébattre,
Pied qui la main montre d'affection,
Pied en qui gît notre protection,
Pied pour asseoir le camp en toute place,
Pied pour casser, rompre ou fendre la glace,
Pied mort, pied vif, en dansant, en branlant,

Pied supportant du maintien le semblant,
Pied qui peut faire en maints lieux ouverture,
Pied qui poursuit l'amoureuse aventure,
Pied qui s'arrête au besoin, ou qui court :
Pied résolu pour bien faire la cour,
Pied démontrant* quelque bon tour par signe,
Pied où le geste et maintien se consigne,
Pied, fondement soutenant tout le corps,
Pied propre à ceux qui ne sont les plus forts,
Pied fort constant, pied qui conduit à l'arche,
Pied qui fais croître un désir en sa marche,
Pied d'une grève* assez longue honoré,
Pied de longueur moyenne décoré,
Pied par ses nerfs rendu dessus agile,
Pied par dessous gardé d'être fragile,
Pied gentillet, pied voûté, sec et net,
Pied soutenant l'arche du cabinet,
Pied délicat, pied sensitif, pied tendre,
Pied qui nous fais l'amour par signe entendre,
Pied compassé de long et de travers,
Pied enrichi de cinq orteils divers,
Pied amoureux de l'autre sans envie,
Pied qui peut bien sauver au corps la vie,
Pied mesuré, pied réglé en son pas,
Pied qui suit l'autre en ordre et par compas,
Pied sans lequel un corps captif demeure,
Pied dont le corps a besoin à toute heure,
Pied qui poursuis la paix de tous discords,
Pied, suis donc l'ordre et triomphe du corps.

FRANÇOIS SAGON

L'ESPRIT

Esprit divin mis en ce corps vivant,
Esprit d'amour, que je suis poursuivant,
Esprit formé sous signe tant heureux,
Esprit hâtif, esprit vif, amoureux,
Esprit posé, esprit tant arrêté,
Esprit faisant d'honneur sa liberté,
Esprit hautain, esprit si héroïque,
Esprit d'un Roi de facture angélique,
Tant éloigné de terre, et affiné
Plus qu'or de touche*, espoir prédestiné,
Esprit perçant montant jusques aux nues,
À qui pensées sont ouvertes et nues,
Esprit qui voit et connaît les ennuis,
Les passions des amants jours et nuits,

Par l'entrejet d'un œil, une amitié,
Pour un soupir secret, une pitié,
Par un regard, la vive intelligence,
Par un seul mot, d'un propos la séquence !
Esprit rassis et prompt à la réponse,
En répondant qui fait une semonce
Pour répliquer, s'il voit l'ami confus
Ou étonné pour un premier refus ;
Tant tu connais, esprit, un faux semblant
Qui feint d'amour une fièvre tremblant,
Tant tu connais un menteur assuré,
Eût-il promis, juré et rejuré,
Tant tu connais pour qui le page ou basque*
Vient découvrir, tant tu connais le masque,
Esprit qui hait, et fuit comme un venin
Sot entretien, qui ne dit que nennin,
Esprit qu'on voit souvent se travailler
Si son voisin veut dormir ou bâiller ;
Esprit soigneux d'un propos amortir
S'il est fâcheux, si l'on n'en peut sortir ;
Esprit de grâce, esprit de contenance
Tant au parler, au ris, comme à la danse ;
Esprit qui sait s'habiller à son âge
Si proprement, et à son avantage,
Esprit contraire aux esprits braves, lourds,
Qui font ployer sur le corps le velours ;
Esprit limé, poli et bien lié,
Esprit douillet, esprit tant délié,
Dessus le quel le Dieu fils de Vénus
Sans se blesser se promène pieds nus,
Et quand il est d'ennui tout apaisé,
Il prend repos en ce lieu tant aisé
Où font séjour les Carites et Muses
Et leur science, et leurs grâces infuses ;
Esprit qu'on peut souvent apercevoir
Quand il ordonne à l'œil faire devoir
De se montrer gracieux et humain,
De n'épargner la bouche ni la main.
Esprit ami, auquel je suis voué,
Si de par moi n'es dignement loué,
Prends pour excuse que les autres esprits
Sont indigents, rudes et mal appris,
Fichés en terre comme un arbre planté.
Ah, bon esprit ! si je t'eusse hanté,
Mon œil farouche ne serait si hagard !
Il a ce bien de ton esprit regard
Qui lui fait voir par la tienne première
Objet divin de plaisante lumière ;
Et m'est avis que je vois au visage

De ton esprit le portrait d'une image
Où s'aperçoit une beauté divine ;
Je pense à moi, je rêve, je devine,
Je me retire en assez grand regret,
Et si je suis en lieu seul et secret,
Pour contempler l'esprit se représente ;
Je prends plaisir, après je me tourmente ;
Et sans un feu qui me donne contrainte
À te servir, aimer, et telle crainte
Quand je suis seul me fait cette figure
Que je lui dis : Esprit, je te conjure,
Dis-moi, au nom d'Amour et Cupido,
Es-tu l'esprit de Sapho ou Dido,
Ou de Sibylle qui soit grecque ou romaine,
Ou cette Laur' que Pétrarque ramène ?
Or je te prie, sois esprit ou bon ange,
Puisque vers toi par amour je me range ;
Que mon esprit tant obscur et tant sombre
Ne serve plus en ce monde d'une ombre !
Esprit d'amour, esprit de grand' beauté,
Prends mon serment, ma foi, ma loyauté ;
Prends mon esprit, puisqu'Amour l'a touché,
Prends l'avec toi, qu'à ton lit soit couché,
Et ne crains point que l'honneur nous regarde ;
Laissons le corps en sa tutelle et garde ;
Laissons ce corps sujet et vassal lige
À ce mari à qui la foi l'oblige ;
Laissons ce corps vivre selon la loi ;
Laissez ce corps, Esprit, venez à moi !
Honneur et moi avons fait un partage ;
Il est trompé, j'ai bien eu l'avantage :
Car si l'amour du corps a cet effet,
Pour un désir de beauté, qu'il nous fait
Tant curieux* d'avoir postérité,
Ce n'est pas là son bien déterminé,
Mais un esprit qui traîne son lien ;
D'un corps vivant, quand d'amour a moyen,
Il prend ses ailes et vouloir de voler ;
Le corps pesant, qui aime mieux rouler,
Lui fait ennui, mais d'amour la senteur
Ôte en son feu du corps la pesanteur,
Et le soutient de terre, et si* le lève ;
Or allégé l'esprit un peu s'élève,
Et par avis, lui, d'amour agité,
Voit déité, voit immortalité,
Pensant avoir en pleine jouissance
Son naturel, son vol de connaissance.
Ainsi seras si tu veux bien penser
Mon vol d'esprit prendre et recommencer ;

Tu le feras ainsi comme j'entends,
En faisant fin l'accord que je prétends :
C'est [que] nos esprits, tous deux entrelacés,
Joints d'un vouloir, unis et embrassés,
Prennent souvent, pour leur contentement,
Sous un parler, un vif attouchement,
Attouchement secret et invisible,
Solacieux, plaisant, doux et sensible.

LANCELOT CARLE ?

LA GRÂCE

Ô bonne grâce, ô plus que grâce bonne,
Grâce qui point en troupe ne s'étonne,
Grâce assurée en visage riant
Qui rend tout œil de te voir si friand,
Grâce qui cœur ému d'ire surmonte,
Qui de rougir ne sait que vaut la honte,
Grâce, la fin et le commencement
Du doux effet d'amoureux pensement ;
Grâce qui plus à soi tire les gens,
Et plus les rend du retour négligents ;
Grâce qui plus gagne en un jour de cœurs
Que ne feraient dix mille belliqueurs ;
Grâce, l'iraigne* à Vénus consacrée
Où l'amant pris ne meut, et se récrée,
Grâce d'amour la glu et les filets
Qui prends les cœurs de leur corps exilés ;
Grâce qui rends par ton bruit estimé,
Avant te voir, ton naturel aimé ;
Grâce qui rends humble le glorieux,
Qui mets douceur en l'homme furieux,
Grâce de qui cette amoureuse voix
Ainsi se plaint : je meurs quand je te vois !
Grâce sans qui, tant soit belle la dame,
D'elle on dira : voyez le corps sans âme !
Grâce où l'esprit offusqué de tristesse
Se réclaircit de nouvelle liesse,
Grâce de qui le secours l'on demande,
Et Grâce à qui chacun se recommande ;
Grâce qui peut, en toute créature,
Suppléer l'un des défauts de nature ;
Grâce qui sers de patron précieux
À qui veut être honnête et gracieux ;
Grâce à qui sont tous les membres tenus,
Exquise plus que celle de Vénus,
Grâce qui mets l'esperit en valeur,

Grâce qui donne à la langue couleur,
Grâce qui sais conduire l'œil et face,
Qui fais le corps n'être rien moins que grâce ;
Grâce qui plus que la beauté contente,
Qu'esprit, ou œil, ou tétin, ou la fente,
Grâce, le mieux de tout le demeurant,
Où cœur d'autrui vit heureux en mourant ;
Grâce jolie, honnête, récréable,
Humaine, douce, amoureuse, accointable,
Grâce de celle haute Grâce produite
Qui sert à l'âme envers Dieu de conduite,
Grâce en ce monde arrivée en effet
Pour un beau corps du tout* rendre parfait,
Pourront mes vers, en mes chants trop étranges,
Bien exprimer tes suprêmes louanges ?
Non, car le los de trop grand avantage
Ne se connaît seulement au visage.
Mais si tu veux permettre à mes deux yeux
Voir le tétin où l'on te connaît mieux,
Le corps, la cuisse où ta beauté se livre,
J'aurai sujet de toi faire un beau livre.

FRANÇOIS SAGON

LA VOIX

Voix douce, et très harmonieuse,
Voix montrant mamie joyeuse,
Voix, tu mérites le vanter,
Voix de laquelle le chanter
A la vertu, quand elle chante,
Que tous les écoutants enchante.
  Voix consonante proprement
Pour chanter sur un instrument.
  Voix argentine, haute, et claire,
Ta bonne grâce me déclaire*
Que tu ne chantes pas sans art
Et que tu n'aimes le hasard
Du chant à plaisir sans mesure,
Comme est des bêtes la nature.
  Voix assurée à entonner,
Voix distincte et qui a bon air,
  Voix de femme, grêle et délivre*,
Chantant son parti sur le livre.
  Voix dont on dit, sans flatter rien :
C'est elle ! Ô qu'elle chante bien !
  Voix bien remettant les parties
Qu'aux assistants sont départies.

Voix ravissant le cœur, au corps
De ceux qui oient tes doux accords.
Voix que d'ouïr j'ai plus de cure
Que d'Orpheus, Pan ne Mercure.
Voix de celle qui prend tout jour
Chanter, pour honnête séjour,
Ô — donc — voix qu'aimes la musique,
Je te prie n'être si rustique
De l'estimer à déshonneur,
Ains* à vertu, grâce, et bon heur.

Eustorg de Beaulieu

LE CORPS

Ma plume est lente, et ma main paresseuse,
Le sens me fuit par la crainte amoureuse
En disputant sans résolution
De déclarer ma grande passion.
Ô corps qui fait par sa grande vertu
Sentir un bien que j'ai celé, et tu,
Ne réputant langue tant soit puissante
Digne à louer cela qui me contente,
Tu as puissance, ô corps de tel effet,
Que sans toi seul rien ne serait parfait,
Ni l'esperit ne nous serait connu,
Car comme vent ou ombre est inconnu.
Et si l'on dit, ô corps, que pourriras,
Et que sous terre une fois tu iras,
Répondre peut sans simulation,
Que l'esperit n'aura perfection
Tant que soyez ensemble glorieux,
Conjoints tous deux par accord gracieux.
Dois-je essayer à louer ce beau corps,
Toujours présent à moi quand veille et dors ?
Certes oui, montrant par ma faiblesse
Que l'on ne peut atteindre à sa hautesse.
Ô corps qui fais sentir un doux savoir
Par le plaisir que l'on prend à te voir,
En se trompant trop volontairement,
Tous maux portant pour* t'aimer doucement.
Front plus poli que n'est le blanc ivoire,
Qui fait trouver sa blanche toile noire,
Yeux doux, riants, plaisants en apparence,
En qui l'on voit le nenni sans défense,
Nez droit et beau, bouche ronde et vermeille,
Épaisse, et molle, à nulle autre pareille,
Haleine chaude, ô comme tu m'es douce,

Lors que ta langue à la mienne repousse.
Ô blanche Joue, ô sang qui en vous monte
En déclarant de douce amour la honte,
Comme tu es aux amants agréable,
Et à moi plus plaisante, et profitable !
Ô belle gorge, ô blancheur tant unie,
Ô dur tétin de quoi j'ai tant d'envie !
Ô battement de cœur, et de poitrine
Quand fort amour anticipe l'haleine !
Ô douce main, molle, blanche et charnue,
Quant tu me prens, tout le sang si me mue*.
Jambe légère à marcher promptement,
La où tu sais qu'est venu ton amant,
Ô grosse cuisse, ô fesse bien troussée
Quand dans le poing on la tient amassée !
Ô ventre uni, rond, et dur et petit
De qui un mort en prendrait appétit !
Bras déliés qui servent de ceinture
À ton ami quand à toi se mesure !
Chair délicate, et douce à l'attoucher,
Heureux est cil qui te peut approcher.
Que dirai plus ? Oserai-je entreprendre
En cet écrit en louange comprendre
Le bien des biens, le plaisir des plaisirs,
La cime, et but de tous plaisants désirs ?
Dieu des jardins*, je t'invoque, et appelle
À soutenir cette juste querelle.
Donne-moi force, et puissance en effet,
Que mon labeur je puisse voir parfait !
Doncques, dirai en toute révérence :
Ô con, ô con, que tu as de puissance,
Las ! en toi gît seule perfection
De genre humain et sa création.
En toi seul est le secret de nature,
Dedans toi est tout le bien qui m'assure.
Honnête con, épais, plein de chaleur,
Qui fais sentir la parfaite douceur,
Si je pouvais écrire ce que pense,
À te louer point ne ferais offense.
Or voyez donc si le corps ne doit être
Sur tout loué comme seigneur, et maître,
Car l'esperit, il n'a que le penser,
Sans corps ne peut ou plaire ou offenser,
Parquoi le corps est maître des effets,
Qui nous font tous parfaits, ou imparfaits.

ANONYME

Contreblasons

LE CORPS

Or çà, le corps, vous êtes en honneur
Où paravant étiez en déshonneur !
Or çà, le corps, je vous trouve bien fier ;
Possible est-il en vous tant me fier
Du beau diamant que Dieu dedans a mis,
Non pas pourquoi vous êtes ennemis ?
Or çà, le corps, nommez-moi vos auteurs
Qui chacun membre en triomphe et hauteur
Exhaussé ont ! Je désire savoir
Si vous devez telle louange avoir ;
Saint Jérôme est ici pour écouter,
Lequel vous fit sur épines bouter ;
Votre estomac de boucler* vous servait
Quand de la pierre un si grand coup donnait ;
En ce temps-là, faible étiez et ridé ;
Mais quoi ! depuis qu'il est de vous vidé,
J'entends l'esprit, qui de vous fut le maître,
Auriez voulu par trop vous déconnaître.
Puisque de vous savoir ne puis les causes,
Plus ne saurais vous nommer par mes gloses.
Monsieur, allez, je ne dirai plus vous,
Je dirai toi, qui envers Dieu et nous
As entrepris une gloire* si grande
Qu'il t'est avis qu'on te doive l'offrande.

CHARLES DE LA HUETERIE

LES YEUX

Convient savoir premièrement des yeux
Si tant ils sont que l'on dit précieux.
C'est la lumière et le guidon du corps,
Si conduite est par raison et accords ;
Se l'œil s'arrête à voir les vanités,
Il donne au corps cent mille adversités ;
Sans l'œil, le corps tant ne convoiterait,
Sans l'œil, débat le corps ne meurtrirait.
L'œil et regard, que nous tenons tant cher,
Nommé il est maquereau de la chair.

Point ne le puis louer, ni ses paupières
Qui sus et sous tiennent à peaux légères ;
Si seulement y entre un peu de poudre,
Rougé devient, et puis en en voit soudre
Pleurs et soupirs, tristesses et courroux.
Outre, les yeux, tant noirs, verts, que les roux,
Incontinent que l'âme est séparée,
Corbeaux criant sur la maison parée
Dessus les murs et tects* où le corps est,
Pour les avoir, chacun d'eux est tout prêt.

Charles de la Hueterie

LA MAIN

La main qu'on dit être si belle et gente,
De tout le corps, car elle est la régente,
Elle a le soin de fournir pain et viande
Et de remplir cette bouche friande ;
Puis découvrir le visage d'en bas,
Quand il lui plaît de faire ses ébats ;
Quand il a fait, la main le vient moucher,
D'un grand papier la grand'joue torcher.
Si quelque galle au corps humain se range,
La main le gratte alors qu'elle démange ;
Et la sueur qui par les portes sort,
Pour l'essuyer, la main en a le sort ;
Aussi la tête et son ordure crasse
Frotte et nettoie, étant vilaine et grasse ;
Et si au nez il y a quelque crotte,
Convient alors que la main du nez l'ôte ;
Et quand la main a bien gratté le corps,
Les ongles sont au bout noirs et très ords* ;
Ô viste* main, main pleine de tristesse,
Main qui tuas ta maîtresse Lucrèce,
Main qui des dés et cartes souvent tiens,
Par toi, la main, souvent mal il advient,
Main dangereuse, infâme et déshonnête !
Main adonnée à la légère tête,
Main par laquelle est le sang répandu
Dont maint noble homme a la vie perdu,
Main qui toucha le sauveur de nature,
Main qui tua l'humaine créature,
Main qui le corps cuide* aimer et nourrir,
Mais à la fin icelui fais mourir,
Main qui tiens la plus orde et infecte,
Main qui noircit la serviette nette !

Ô main soudaine argent bailler aux Dames
Pour accomplir tes volontés infâmes,
Avare main qui la bourse point n'ouvre
Quand donner faut à l'indigent paouvre ;
Ô male main, méchante et malheureuse,
Qui Main clouas de clous en croix heureuse

CHARLES DE LA HUETERIE

LE TÉTIN

Tétin qui n'as rien que la peau,
Tétin flac, tétin de drapeau,
Grand'tétine, longue tétasse,
Tétin, dois-je dire : besace ?
Tétin au vilain grand bout noir
Comme celui d'un entonnoir,
Tétin qui brimballe à tous coups,
Sans être ébranlé ne secous*.
Bien se peut vanter qui te tâte
D'avoir mis la main à la pâte.
Tétin grillé, tétin pendant,
Tétin flétri, tétin rendant
Vilaine bourbe en lieu de lait,
Le Diable te fit bien si laid !
Tétin pour tripe réputé,
Tétin, ce cuidé-je, emprunté
Ou dérobé en quelque sorte
De quelque vieille chèvre morte.
Tétin propre pour en Enfer
Nourrir l'enfant de Lucifer ;
Tétin, boyau long d'une gaule,
Tétasse à jeter sur l'épaule
Pour faire — tout bien compassé* —
Un chaperon du temps passé,
Quand on te voit, il vient à maints
Une envie dedans les mains
De te prendre avec des gants doubles,
Pour en donner cinq ou six couples
De soufflets sur le nez de celle
Qui te cache sous son aisselle.
Va, grand vilain tétin puant,
Tu fournirais bien en suant
De civettes et de parfums
Pour faire cent mille défunts.
Tétin de laideur dépiteuse,
Tétin dont Nature est honteuse,

Tétin, des vilains le plus brave,
Tétin dont le bout toujours bave,
Tétin fait de poix et de glu,
Bren, ma plume, n'en parlez plus !
Laissez-le là, ventre saint George,
Vous me feriez rendre ma gorge.

Clément Marot

NOTICE

PERNETTE DU GUILLET

On a très peu de renseignements sur sa courte vie. La date de sa naissance à Lyon, conjecturale, doit être 1518 (on a parfois avancé celle de 1520). En 1536, à seize ou à dix-huit ans, elle rencontre Maurice Scève, qui se fait son initiateur en poésie et en amour. Les deux poètes resteront de fidèles, et probablement chastes amants jusqu'à la mort de Pernette. Cet amour connaît la traverse d'un mariage imposé : elle épouse en 1538 M. du Guillet, qui n'est pas autrement connu.

Selon les rares témoignages contemporains, Pernette était belle et savante. Faut-il suspecter là le stéréotype de la femme cultivée à Lyon en 1530 ? Car on dira la même chose de Louise Labé. Cependant toutes deux dans leur poésie donnent la preuve de leur culture, et quelque échantillon au moins de leur connaissance de l'italien. Quoi qu'il en soit, s'il faut en croire les témoins, Pernette jouait en amateur de plusieurs instruments, parlait l'espagnol et l'italien, savait sans doute du latin, sinon le latin, et avait quelques rudiments du grec. Elle meurt à vingt-sept (ou vingt-cinq) ans. M. du Guillet ne devait pas être un si mauvais mari, puisqu'il a le souci de faire mettre au jour une production poétique dont il aurait pu prendre quelque ombrage.

Les *Rymes* paraissent en 1545 chez Jean de Tournes à Lyon. Elles connaîtront encore trois autres éditions à Paris et Lyon jusqu'en 1554. Il faut ensuite attendre le XIXe siècle pour que l'œuvre soit exhumée. Elle a plusieurs fois été rééditée depuis.

LOUISE LABÉ

On a beaucoup plus de renseignements sur Louise Labé, mais certains entachés de suspicion : sa personnalité, et quelques médisances ou calomnies contemporaines ont fait foisonner les imaginations, et produire quelques légendes. Nous nous contenterons de l'essentiel.

Elle naît à Lyon vers 1524, d'une famille de riches artisans ; son père était cordier, et elle épousera plus tard un cordier ; de là vient son trop célèbre surnom. Pierre Labé semble avoir eu le souci de donner à sa fille une éducation à l'italienne ; outre les arts féminins : broderie, « quenouilles et fuseaux », elle sait à coup sûr le latin et l'italien ; elle chante, et joue du luth, dit-on, presque comme une professionnelle ; sa préface nous apprend que « l'exercice de la Musique » a été la principale occupation de sa jeunesse. Son éducation très complète s'étend à ce que Montaigne appellera plus tard « la culture du corps » ; à en croire les élégies I et III, elle monte à cheval, fait de la voltige, pratique les armes. Quant à sa beauté, le portrait que l'on a d'elle, gravé en 1555, confirme ce qu'en disent la rumeur publique et son surnom de Belle Cordière. Déjà mariée sans doute, elle figurera dans des fêtes mondaines et publiques, en particulier au fameux « tournoi de Perpignan » donné à Lyon en 1542 en l'honneur du Dauphin, le futur Henri II : ce qui a donné à quelques biographes la bizarre idée qu'elle aurait suivi les armées au siège de Perpignan — assurant ainsi sa réputation de gourgandine.

On ne connaît pas au juste la date de son mariage avec Ennemond Perrin, probablement autour de 1540 ou 1542. Elle mène une vie brillante et libre, a commerce avec les beaux esprits. De ses amours, on ne sait que ce qu'elle veut bien en dire, et elle reste discrète sur les détails biographiques. Elle dit avoir aimé jeune un homme de guerre ; la seule liaison à peu près avérée que nous lui connaissions est avec Olivier de Magny, qui séjournait à Lyon vers 1553-1554 : elle avait donc alors une trentaine d'années, et il ne saurait s'agir de lui lorsqu'elle parle de l'amour qui l'a atteinte dans son « seizième hiver » (... curieuse datation) et qui dure depuis treize ans. Rien ne dit pourtant que ce soit sur le même homme qu'Amour a « arrêté » si longtemps son cœur. Les œuvres de Magny ne semblent laisser aucun doute sur la relation amoureuse qu'il a entretenue avec elle ; il s'en déprendra, et la récompensera mal de sa passion par un détestable poème, proprement diffamatoire, prêtant à Ennemond Perrin les plus viles complaisances.

La vie mondaine de Lyon s'éteint peu à peu vers 1560, et avec elle Louise s'efface de la scène publique ; son mari meurt, Magny aussi. Une expédition protestante attriste la ville, en tout cas empêche toute vie mondaine en 1562. En 1564, la peste ravage Lyon. Les derniers temps de Louise Labé sont sans doute adoucis par l'affection, peut-être tendre, d'un avocat italien, Thomas Fortini, chez lequel elle séjourne au cours d'une maladie, et à qui elle dicte son testament. Elle a une maison campagnarde à Parcieux dans les Dombes ; c'est là qu'elle meurt en 1566.

Ses *Œuvres* ont paru en 1555, avec une réédition en 1556, toutes deux chez Jean de Tournes. Elles sont suivies d'un ensemble considérable d'hommages poétiques de divers contemporains illustres, dont le volume double presque celui du livre.

Elle ne tombera pas dans l'oubli, et son œuvre connaîtra de nombreuses rééditions à partir du XVIIIᵉ siècle. Il faut noter la véritable restauration poétique qu'est l'édition de Bréghot du Lut en 1824, et le travail des érudits du XIXᵉ siècle qui ont fait connaître son œuvre :
1875 : *Œuvres de Louise Labé* publiées par Prosper Blanchemain ;
1887 : *Œuvres de Louise Labé* publiées par Charles Boy.

LES BLASONNEURS

Nous donnons quelques indications qui permettent de les situer. Certains ne sont pas connus autrement que par les Blasons. Des auteurs comme Scève ou Marot appelleraient une présentation beaucoup plus développée qui n'a pas ici sa place.

MICHEL D'AMBOISE, seigneur de Chevrillon ?-1547

Il écrit plusieurs œuvres d'inspiration amoureuse sous le pseudonyme de l'Esclave fortuné. Traducteur de Juvénal (1540) et Ovide (traduction publiée après sa mort : 1552).

J. N. D'ARLES ou DARLE

Peut-être un pseudonyme. Ce personnage n'est pas autrement connu.

EUSTORG DE BEAULIEU 1495-1552

Né en Dordogne. Poète itinérant et picaresque, il finit par entrer dans les ordres, mais reste aussi mobile. Il publie en 1537 *Les Divers Rapports* (rondeaux, dizains, ballades). Converti à la Réforme, il meurt à Genève en 1552.

VICTOR BRODEAU ?-1540

Disciple de Marot, né à Tours, il deviendra valet de chambre de Marguerite de Navarre.

On a de lui des *Louanges de Jésus-Christ* publiées en 1540.

LANCELOT CARLE env. 1500- ?

Né à Bordeaux. Aumônier du Dauphin, puis protégé par Henri II, nommé évêque de Riez en 1550, il continue à mener une vie de courtisan. Historiographe et traducteur de livres poétiques de la Bible, il meurt à Paris à une date inconnue.

CLAUDE CHAPPUYS 1500-1575

Né à Amboise. En 1521 il est officier de la Maison du roi, puis bibliothécaire du roi. En 1533, il accompagne à Rome Jean du Bellay, oncle du poète. Polygraphe abondant, traducteur d'ouvrages latins et néo-latins, espagnols et italiens, on lui doit notamment la traduction des œuvres très connues au XVIe siècle que sont *Le Courtisan* de Baldasarre Castiglione et la *Diane* de Montemayor. Doyen du chapitre de la cathédrale de Rouen, il meurt dans cette ville en 1575.

ANTOINE HÉROËT 1492-1568

Pensionné de Marguerite de Navarre, il est nommé évêque de Digne en 1552. Il avait publié à Lyon en 1542 *La Parfaicte Amye*, bréviaire de l'amour chaste.

CHARLES DE LA HUETERIE ou HUETTERIE

On ignore à peu près tout de lui, notamment les dates de sa naissance et de sa mort — L'auteur des *Contreblasons* n'est connu que par eux, et par son inimitié à l'égard de Marot. Il est aussi l'auteur de *Protologies Françaises,* sans lieu, 1536, recueil de poèmes où se trouvent entre autres ses Contreblasons.

JACQUES LE LIEUR ? 1475- ? 1550
Rouennais, échevin de Rouen, on connaît de lui quelques ouvrages pieux.

CLÉMENT MAROT ? 1496-1544
Né à Cahors, fils du rhétoriqueur Jean Marot, il ambitionne d'être un poète de cour. D'abord protégé par François Ier, il doit s'enfuir en 1534 à la suite de l'affaire des Placards. Il se réfugie à Nérac, puis à Ferrare, puis à Venise. Sympathisant de la Réforme, il revient à Paris en 1536 au prix de son abjuration, mais, après la publication de son *Enfer* par Dolet, il est de nouveau contraint de fuir à Genève, qu'il doit aussi quitter, puis à Chambéry, puis à Turin où il mourra. Ses œuvres sont trop abondantes et connues pour être ici citées.

FRANÇOIS SAGON
Né en Normandie bien avant 1500, prêtre du diocèse de Rouen. La postérité retiendra de lui sa diatribe contre Marot réfugié en Italie (textes publiés en 1537 et 1539). Les dates de sa naissance et de sa mort sont inconnues.

MAURICE SCÈVE ? 1501-vers 1560
Né à Lyon au début du XVIe siècle d'une excellente famille bourgeoise, mais surtout connu comme homme de lettres.
1533 : découverte supposée du tombeau de Laure.
1535 : traduction du roman de *Flamete* de l'Espagnol Jean de Flores, lui-même inspiré de la *Fiammetta* de Boccace.
1536 : *Arion*, élégie sur la mort du Dauphin.
1544 : *Délie object de plus haulte vertu.*
1547 : *La Sausaye, Églogue de la Vie solitaire.*
1562 : *Microcosme* (sans doute posthume).
On perd toute trace de Scève après cette date.

INDICATIONS BIBLIOGRAPHIQUES

LOUISE LABÉ

Texte :

Louise LABÉ : *Œuvres complètes,* éd. critique et commentée par Enzo GIUDICI. Genève, Droz, 1981.

Études :

Dorothy O'CONNOR : *Louise Labé, sa vie, son œuvre.* Paris, 1926 ; Slatkine reprints, Genève, 1972.

Enzo GIUDICI : *Louise Labé,* essai. Paris, Nizet, 1981.

PERNETTE DU GUILLET

Texte :

Pernette du GUILLET : *Rymes,* éd. critique par Victor Graham. Genève, Droz, 1981.

Études :

Verdun-Louis SAULNIER : *Étude sur Pernette du Guillet et ses « Rymes »,* dans : Bibliothèque d'Humanisme et Renaissance, IV, 1944, p. 7-119.

Voir aussi :

Verdun-Louis SAULNIER : *Maurice Scève et la Renaissance lyonnaise.* Paris, 1948.

BLASONS

Le corpus le plus abondant et varié, collecté et publié au XIXe siècle, est :

Dominique-Martin MÉON : *Blasons, poésies anciennes...* Paris, P. Guillemot, 1807-1808.

Études :

Verdun-Louis Saulnier : *Maurice Scève et la Renaissance lyonnaise*. Paris, 1948, chap. IV : « Les blasons anatomiques ».

Alison Saunders : *The XVIth century Blason Poétique*. University of Durham Publications, Peter Lang, 1981.

NOTES

Pernette du Guillet

ÉPIGRAMME II

Page 35

* *Marrissait* : chagrinait.
* *Ce Jour* : amphibologique ; Pernette appelle Scève son « Jour ».

ÉPIGRAMME V

Pages 36-37.

* VICE À SE MUER, CE VICE MUERAS : anagrammes du nom de Maurice Scève.

ÉPIGRAMME VIII

Page 38.

* *Faut* : fait défaut.

ÉPIGRAMME IX

* *Soulas* : consolation.

ÉPIGRAMME X

* *Déplier* : interpréter.

ÉPIGRAMME XVII

Page 41.

* *Cuider* : estimer.

ÉPIGRAMME XXII

Page 42.

* *Millery* : village à trois lieues de Lyon ; comprendre : alors qu'à Millery Bacchus était (déjà) en sa boisson.

ÉPIGRAMME XXIV

Page 43.

* *Rédigé* : ramené.
* *Los* : louange.
* *Fame* : réputation.

ÉPIGRAMME XXV

* *Résolution* : solution.
* *Absoudre* : résoudre.

CHANSON I

Page 44.

* *Si* : pourtant.

CHANSON II

Page 46.

* *Affermer* : confirmer.

ÉPIGRAMME XXIX

* *Imputez-le* : selon la métrique

du XVIe siècle, lire : imputez-l'à...

CHANSON III

Page 47.

* *Caut* : rusé.

CHANSON IV

Page 48.

* *Los* : louange.
* *Vraie foi* : dans la métrique du XVIe siècle, lire « vrai-e foi ».

ÉPIGRAMME XXXII

Page 50.

* *Si* : pourtant.

ÉPIGRAMME XXXIII

* *Ample ment* : rime « équivoquée » dans la tradition des Rhétoriqueurs.

CHANSON V

Page 51.

* *Courages* : cœurs.

ÉLÉGIE I, *Parfaite amitié*

Page 52.

* *Nourriture* : éducation.
* *Assuré de* : garanti de ; m'assurerai : me garantirai.
* *Faux-Semblant, Danger* : allégories empruntées au *Roman de la Rose ; Changement* est de l'invention de Pernette.

CHANSON VI

Page 53.

* *Fallace* : tromperie.

Page 54.

* *Sévère* : jeu de mots sur l'étymologie supposée du nom de Scève (saevus).

ÉPIGRAMME XXXIV

* *Sévère* : voyez note ci-dessus.
* *Lairras* : laisseras (cesseras).
* *Vousisse* : voulusse.

CHANSON VII

* *Daphnés* : Pernette confond ici le mythe (ou le nom ?) de Daphné avec celui de Danaé, enfermée par son père dans une tour ; Zeus qui en était épris parvint jusqu'à elle en se métamorphosant en pluie d'or.

ÉLÉGIE II

Page 55.

* *Maignie* : escorte.
* *Ains* : mais plutôt.
* *Lairrais* : laisserais.

Page 56.

* *Quant et quant* : également.
* *Au devoir* : comme il faut.
* *Actéon* : chasseur, il surprit Diane nue au bain ; la déesse le métamorphosa en cerf, et il fut dévoré par ses propres chiens.

ÉPIGRAMME XXXV

Page 57.

* Cette épigramme et les onze suivantes sont regroupées, dans l'édition de 1546, sous le titre *Autre élégie par dixains et huitains* ; elles ont en effet une certaine unité de sujet. Mais, suivant l'édition de 1545 qui nous sert de base, nous préférons laisser à ces poèmes leur discontinuité ; les

règles et l'esprit de l'élégie portent également à choisir cette solution.

Cette épigramme concerne le mari de Pernette et Scève.

*Dépourvu : toutes les éditions donnent le féminin « dépourvue ». Je propose la correction « dépourvu » voulue par la rime comme par le sens.

ÉPIGRAMME XXXVIII

Page 58.

    * *Mon Jour* : Scève.

ÉPIGRAMME XXXIX

    * *Mon Jour* : Scève ; *Comme mon Jour* : en tant qu'il est mon Jour.

ÉPIGRAMME XL

Page 59.

    * *Traits à la Grégeoise* (9 grecque) : enflammés (cf. feux grégeois).

    * *La Bourgeoise* : allusion à Clémence de Bourges ? (voyez préface p. 24).

    * *Callimera* : en grec, bonjour.

ÉPIGRAMME XLI

    * *Imera* : en grec, jour.

ÉPIGRAMME XLIV

Page 60.

    * *Soulaient* : avaient coutume de.

ÉPIGRAMME XLV

    * Cette épigramme est inspirée d'une strophe de Léon Hébreu (Leone Ebreo, *Dialoghi d'Amore*), qui spécule sur l'unité

de deux amants qui ne font qu'un, et le doublement de leur vécu qui fait que chacun vit deux fois : « e due volte fa quattro », « et deux fois, cela fait quatre ». Verdun-Louis Saulnier propose une interprétation précise de cet obscur dizain dans son *Étude sur Pernette du Guillet* (voyez bibliographie).

CHANSON VIII

Page 61.

    * *Point* : du verbe « poindre ».
    * *Faut* : fait défaut.

ÉPIGRAMME L

Page 64.

    * *Thuscan* : toscan ; il s'agit ici de la comparaison, classique au XVIe siècle, de l'italien et du français (voyez Jean Lemaire, *La Concorde des deux Langages*, 1513) ; mais il faut peut-être aussi entendre une allusion à Pétrarque et à Scève.

ÉPIGRAMME LI

    * Traduction :
J'ai vu autour de la source de Parnasse,
Par la grâce de celle qui ne cache rien,
Une foule qui emplissait plaine et mont :
Puis je L'ai vu, sur la rive sacrée,
Debout dans l'eau ; il prit trois guirlandes
D'un laurier qui jetait l'ombre sur les vagues ;
Si bien qu'Apollon dit, selon son décret :
Celui-ci sera mon Honneur, s'il y consent.

ÉPIGRAMME LII

* À quelques mots près, cette épigramme reproduit un poème de Serafino Aquilano. Traduction :

C'est ta faute, Amour, si j'ai trop prétendu
En joignant à la tienne ma bouche,
Mais si tu veux me punir de mon larcin,
Octroie-moi de te donner la réplique :
Tant de douceur j'ai reçu de tes lèvres
Que l'esprit fut sur le point de s'enfuir ;
Je sais qu'au second baiser il s'en ira :
Baise-moi donc, si tu veux que je meure.

CHANSON IX

Page 66.

   * *Cauts* : rusés.
   * *Duit* : est utile.

CHANSON X, *Conde claros de Adonis*

* Titre obscur. Verdun-Louis Saulnier *(op. cit.)* propose de lire l'incipit latin, réduit : « Conde claros de Adonis (morte versus » : Chante des vers éclatants sur la mort d'Adonis. Cette légende est adaptée du pseudo-Théocrite (Belles Lettres, 1953, t. II).
   * *Échets* : échecs.

Page 67.

   * *Si* : alors.
   * *Engin* : ruse.

Page 68.

   * *Se doulait* : menait le deuil, se désolait.

Page 69.

   * *Outré* : transpercé.

Page 71.

   * *Ains* : mais.
   * *Soulait* : avait coutume.

ÉPIGRAMME LIV

Page 72.

   * *Faillant* : manquant.

ÉPITRE I, *Coq-à-l'âne*

Page 74.

   * *Métier* : besoin.

ÉLÉGIE III, *La Nuit*

Page 77.

   * *Outrecuidés* : prétentieux.
   * *Ardait* : brûlait.

Pages 78-79.

   * *Si* : 1) pourtant ; 2) alors ; 3) et 4) : pourtant ; 5) alors.
   * *Issait* : sortait.
   * *Ains* : mais.

ÉLÉGIE IV, *Désespoir*

Page 80.

   * *Parangon* : modèle ; ce modèle italien n'a pas été retrouvé, mais on en connaît aussi une imitation par François Ier.
   * V. 1 : repris de Scève, *Délie*, dizain LX.
   * *Dessire* : déchire.

Page 81.

   * *Duisant* : utile.
   * *Faut* : fait défaut.

ÉLÉGIE V, *Confort*

Page 83.

* *Soud* : délie.
* *Détraint* : desserre.

Page 84.

* *Guerdon* : compensation.
* *Recordée* : remémorée.
* *Los* : louange.
* *Fame* : réputation.

Page 85.

* *Faut* : fait défaut.

ÉPIGRAMMES LV À LIX, *Mômerie*

Page 86.

* *Mômerie* : a) mascarade ; b) poème en « mascarade » dont les différents morceaux sont récités par des « rôles ».

* *Postes* : ici, messagers ; ce sont les différents rôles de cette mômerie.
* *Si lui donnez* : ainsi, donnez-lui.

Page 87.

* *Si (veut-il bien)* : pourtant.

ÉPIGRAMME LX, *Pour une anatomie*

Page 88.

* *Anatomie* : sens propre : dissection.

ÉPITRE II, *À un sot rimeur*

* Imitée de Marot.

Page 89.

* *Los* : louange.

Louise Labé

PRÉFACE

Page 93.

* *A. M. C. D. B. L.* : À Mademoiselle Clémence de Bourges, Lyonnaise.
* *Comprendre* : englober.

Page 94.

* *Précéder* : marcher les premières.
* *Si* : pourtant (dans les deux cas).

Page 95.

* *Faudra* : manquera.
* *Acertener* : assurer.

ÉLÉGIE I

Page 99.

* *Branc* : glaive court.
* *Géniales* : voluptueuses, nuptiales.

ÉLÉGIE II

Page 101.

* *Pô cornu* : parce que le Pô se divise en deux ? ou allusion à la représentation allégorique des fleuves sous forme de divinités cornues ?

Page 103.

* *Calpe* : ancien nom de Gibraltar.

Page 105.

* *Carmes* : vers.

ÉLÉGIE III

Page 106.

* *Rien* : dans une phrase positive : quelque chose (latin « rem »).

* *Celle-là* : allusion au mythe d'Arachné : jeune fille experte au tissage, elle défia Pallas, qui la métamorphosa en araignée.

* *Étour* : assaut, bataille ; il s'agit ici d'un tournoi.

* *Bradamante, Marphise, Roger* : personnages d'*Orlando furioso* de l'Arioste.

Page 107.

* *Médée...* : dans la métrique du XVIe siècle, « Médé-e fut aimé-e de... »

* *S'étant aimé* : si, étant aimé...

SONNET I

Page 109.

* Traduction :

Non, pas même Ulysse, ni quelque autre
Plus avisé encore, pour cet aspect divin
Plein de grâce, d'honneur et respect
N'aurait présumé tout ce que je sens
de soucis et douleurs.

Hélas, Amour ! de tes beaux yeux tu as fait
Une telle plaie dans mon cœur innocent,
Qui déjà nourriture et chaleur te donnait,
Que remède il n'y a si tu ne me le donnes.

Ô dur destin, qui me rend comme

Pointe d'un scorpion, et m'oblige à demander soulagement
Au venin de cette bête même.

Je demande seulement qu'il mette fin à ce tourment :
Qu'il n'éteigne pas le désir à moi si cher
Que, s'il me manque, je ne pourrai que mourir.

SONNET II

Page 110.

* *Dépendues* : dépensées.

SONNET VI

Page 114.

* *Don de Flore* : sans doute la rose, à quoi l'amante compare la bouche de l'aimé.

SONNET VIII

Page 116.

* *Vie* : selon la métrique du XVIe siècle, deux syllabes (vi-e).

* *Grief* : selon la métrique du XVIe siècle, monosyllabe.

SONNET XII

Page 120.

* La clé de ce sonnet se trouve dans le langage musical : le ton *plein* est le ton majeur, par opposition au ton « feint », mineur. *Feignant...* doit se comprendre : jouant en mineur ce que tu avais chanté en majeur (« plein »). Les éditions anciennes donnent au vers 8 « avait chanté », inexplicable ; je propose la correction « avais chanté ».

SONNET XIII

Page 121.

* *Encercelé* : encerclé.
* *Souef* : doucement.

SONNET XIV

Page 122.

* *Heur* : bonheur.

SONNET XVI

Page 124.

* *À grand' erre* : à grande allure.

SONNET XX

Page 128.

* *Devoit* est l'orthographe donnée par les éditions anciennes. Plusieurs éditeurs modernes proposent la correction « devois » ;

mais comme la troisième personne, présente dans les éditions de référence de 1555 et 1556, offre un sens plausible (et d'ailleurs intéressant), nous nous y tenons (Voyez v. 5 : « *Puis* le voyant... »).

SONNET XXII

Page 130.

* *T'Amie* : la lune, Séléné ou Diane, qui aima le berger Endymion, qu'elle contemple dans le sommeil éternel où elle l'a plongé.
* *Ses premiers ans... chaleureux* : vers obscur ; sans doute le souvenir ou les descendants des femmes qu'il a autrefois aimées.

SONNET DE LA BELLE CORDIÈRE

Page 133.

* *Heur* : bonheur.

Blasons anatomiques

BLASONS

LE FRONT

Page 137.

* *Petit monde* : le microcosme qu'est l'homme ; voyez p. 88, Pernette du Guillet, épigramme LX.
* *Vueil* : volonté.
* *Engin* : (latin « ingenium ») génie, intelligence.

LE SOURCIL

* *Jayet* : jais.
* *Forjeté* : construit en saillie.

Page 138.

* *Archées* : arcs formés par les sourcils.

LA LARME

Page 139.

* *Coye* : anc. fém. de « coi », tranquille.

Page 140.

* *Issir* : jaillir.
* *Piteuse* : pitoyable.
* *Si* : pourtant.

LE NEZ

Page 141.

* *Los* : louange.
* *Ains* : mais.
* *Redolent* : de bonne odeur.

LA JOUE

* *Joue* : conformément à la métrique du XVIᵉ siècle, compter deux syllabes devant consonne : «Jou-e faite... »

Page 142.

* *Debait* : joyeux.
* *Ains* : mais.

LA BOUCHE

Page 143.

* *Faitisse* : bien faite.
* *Deult* : lamente.
* *Me hérite* : me harcèle, m'irrite.

LA DENT

Page 144.

* *Baulièvre* : lèvre inférieure.
* *De laudeur...* : vers obscur. « Racher » = ciseler. On peut comprendre : « De l'odeur (ou : du louangeur) qui belle dent cisèle... ».
* *Pourtant que* : pour autant que, car.

LE SOUPIR

Page 145.

* *Issir* : sortir.
* *Vistes* : vites (adj.), rapides.
* *Maignie* : escorte.

Page 146.

* *Souef* : suave.

* *Soulas* : consolation, soulagement.
* *Piteux* : pitoyable.

LA GORGE

* *Plasmateur* : créateur.
* *Ard* : brûle.
* *Benoîte* : bénite.

Page 147.

* *Armaire* : armoire.
* *Phirnès* : Phryné (célèbre courtisane athénienne).

LE TÉTIN

* *Refait* : bien fait.

Page 148.

* *Gorgias* : tour de gorge, guimpe.

LE CŒUR

* *Partir* : partager.
* *Infait* : infecté.

LA MAIN

Page 150.

* *Semond* : enjoint.
* *Douter* : redouter, craindre.

LE VENTRE

Page 151.

* *Juger que tu es* : juger de ce que tu es.
* *Trestous* : absolument tous.

Page 152.

* *Connil* : lapin (équivoque ici).
* *Repeu* : repu.

LE CON DE LA PUCELLE

* *Sadinet* : diminutif de l'adjec-

tif « sade », mignon, gentil, gracieux ; employé substantivement au sens libre.

Page 153.

* *Ce... qu'on procure* : ce dont on s'occupe, pour quoi l'on se donne de la peine.
* *Hui* : aujourd'hui.
* *Sont contents* : se contentent ; de même « suis content » : je me contente. Pour ces deux vers, j'ai apporté des corrections purement orthographiques, qui permettent de donner sens à un texte à peu près totalement obscur. Sur « se contenter de voir », voyez Préface, p. 10.

LE CUL

* *Mucées* : cachées.

Page 154.

* *Si sont...* : aussi sont...
* *Los* : louange.
* *Ord* : répugnant.
* *Un grand clerc* : Saint Paul. Allusion burlesque aux deux épîtres aux Corinthiens.
* *Frisque* : alerte.
* *Gorrier* : élégant.

Page 155.

* *Carrelet* : coussin.
* *Testonnés* : frisés, parfumés.
* *Saül... David* : I Sam., XXIV, 4. Anecdote réellement rapportée par la Bible.
* *Douter* : redouter.
* *Houssé* : fouetté.

LA CUISSE

Page 156.

* *Boullevert* : boulevard.

Page 157.

* *Trais* : attire.
* *Refaite* : bien faite.

LE GENOU

* *Genoil* : genou.

LE PIED

Page 158.

* *Se duire* : se plaire.

Page 159.

* *Démontrant* : signalant.
* *Grève* : jambe.

L'ESPRIT

* *Or de touche* : or fin, éprouvé à la pierre de touche.

Page 160.

* *Basque* : laquais.

Page 161.

* *Curieux* : zélés, passionnés.
* *Si* : alors (ou : ainsi).

LA GRÂCE

Page 162.

* *Iraigne* : forme ancienne d'« araigne », araignée ; cette métaphore inhabituelle s'explique au vers suivant.

Page 163.

* *Du tout* : entièrement.

LA VOIX

* *Déclaire* : déclare.
* *Délivre* : déliée.

Page 164.

* *Ains* : mais.

LE CORPS

* *Pour* : sens causal ; « parce qu'il t'aime ».

Page 165.

* *Tout le sang si me mue* : ... alors remue en moi.
* *Dieu des jardins* : Priape.

CONTREBLASONS

LE CORPS

Page 166.

* *Boucler* : bouclier.
* *Une gloire* : une présomption.

LA MAIN

* *Ords* : sales, répugnants.
* *Viste* : vite (adj.), rapide.
* *Cuide* : croit.

LES YEUX

Page 167.

* *Tects* : toits.

LE TÉTIN

Page 168.

* *Secous* : secoué.
* *Compassé* : mesuré.

RYMES DE PERNETTE DU GUILLET

ŒUVRES POÉTIQUES DE LOUISE LABÉ

LE XVIᵉ SIÈCLE
DANS *POÉSIE/GALLIMARD*

Ce volume,
le cent soixante-treizième
de la collection Poésie,
a été composé par SEP 2000 et
achevé d'imprimer sur les presses
de l'imprimerie Bussière à Saint-Amand (Cher),
le 20 juin 2002.
Dépôt légal : juin 2002.
1ᵉʳ dépôt légal dans la collection : avril 1983.
Numéro d'imprimeur : 23616.

ISBN 2-07-032238-6./Imprimé en France.

14515